Ni 20, ni 30

Viviendo sin máscaras sociales

Xilenie Faulkner Cortorreal

Editorial Bien-etre

Ni 20 ni 30

Xilenie Faulkner Cortorreal

© 2020 Editorial Bien-etre

Publicado por: Editorial Bien-etre.

Ilustración de portada: Milciades Suero.

Diseño y Diagramación: Ceadvertising.

ISBN: 978-9945-9259-6-8

Edición: Editado por Editorial Bien-etre.

Impresión: Impreso en la República Dominicana por Editorial Bien-etre, bajo el sello A9OD.

www.a9od.com

Primera edición 2020

Dedicatoria

Se lo dedico a Xilenie Faulkner, por atreverse a pesar de las dudas, a pesar del miedo, a pesar de las inseguridades. Por dar un paso al frente hacia algo totalmente desconocido, solo siguiendo su corazón. Porque, por encima de sus innumerables defectos, se levanta día a día queriendo ser mejor persona. Porque a pesar de la oscuridad que a veces invade a este mundo, ella siempre intenta buscar un rayito de luz. Porque es una soñadora incansable y está dispuesta a pasar su vida persiguiendo esos sueños, así como este libro que un día fue solo una idea y hoy es una realidad.

Agradecimientos

La gratitud es un generador de vibras positivas. Cuando somos agradecidos con lo que tenemos, nos facilitamos el camino para alcanzar lo que anhelamos. Escribir un libro, más que un sueño, fue un reto para mí. El cual no hubiese sido posible sin el apoyo y el ánimo transmitido por un grupo de personas especiales en mi vida, que confiaron en mi capacidad incluso cuando las dudas me invadían.

Me debo a Dios y a mi familia. A ellos les agradezco el estar siempre para mí y apoyarme en todo lo que emprendo en la vida. De forma especial, agradezco a mi madre, Martha Cortorreal, por su apoyo incondicional desde que tengo uso de razón, por dejarme ser yo misma y secundar cada meta que me propongo sin cuestionar.

A mis hermanos Martha Reyes, Bernie Taveras y María Esther Vásquez, porque aún sin entenderme, me apoyan. Le agradezco a mi hermano Benjamín Faulkner, por siempre darme palabras de admiración durante este proceso; a mi hermano Bemil Faulkner, por estar pendiente y a disposición de cualquier cosa que necesitase. A mi hermano Gabriel Taveras, que sin saberlo me inspiro a través de su libro.

A mi prima Yeljenys Bellotti, por estar presente sin importar la distancia. A mi primo Antonio

Santillán, por ser mi consejero personal y estar atento a este proyecto desde el primer día.

Mi familia es bastante grande, estas personas también son parte de mi corazón y les agradezco poder contar con su apoyo: Milddred Fernández, Senon Rosario, Leónides Aquino, Denis Rosario, Leidy Rosario, Estalin Rosario. Mis tías; Gela y Flérida.

Los amigos son la familia que uno escoge en nuestro paso por el mundo, ellos sin saberlo me inspiran a ser mejor, ellos sin saberlo son mi bendición. Les agradezco a mis amigos por darle vida a mi vida. Estoy agradecida con la vida por estar rodeada de personas extraordinarias, como: Luisa Ortiz, Rosa Matos, Yurody Viola, Pamela Saint-Hilaire, Nugeyri Peña, Ivanna González, Pamela Méndez, Benito de los Santos, Diana González, Keyla de los Santos, Gilbert Mateo, Alisson Castillo, Joel Siri, Kelvin Martínez, Dawelkys Infante, Juan Carlos Javier, Racelys Reyes, Edward González, Junior Batista.

Todos ellos han estado conmigo en momentos importantes de mi vida y me dieron el empuje que necesitaba para iniciar esta jornada. Gracias por apostar a mí.

Te agradezco a ti, sí a ti, a ti que me lees, gracias por existir y ayudarme a crear palabras con sentido, desde mi alma a la tuya.

"El mejor de los amores es ese que es libre. Amar en libertad hoy en día se confunde con promiscuidad. Amar en libertad es una decisión, no es un compromiso, no tiene un "porqué" ni un "para qué", es ese amor que no es sumiso. Amar en libertad no se rige por fidelidad, más bien lo gobierna la lealtad. Amor en libertad es ese que se siente porque el alma así lo quiere, no porque sea lo que conviene. Amar en libertad no es un pasatiempo, es eso que pasa más allá del tiempo".

– Xilenie Faulkner

Como cada tarde al llegar a su consultorio con su café en mano, la Dra. Luna encendió su laptop mientras esperaba que sus programas se cargaran. Le pide a su joven asistente las citas asignadas para ese día.

— Espero que hoy podamos recibir más de un paciente.

— Lo siento mucho Dra. Luna, no tiene asignaciones para hoy, solo nos toca esperar si el Dr. Ortiz pide ayuda con algunos pacientes ya que tiene más de diez citas para hoy, según me dijo su secretaria – respondió la asistente

Esta información le hizo sentir frustración, pues al ser la más joven era considerada con menos experiencia del Centro Psicológico Bienestar. Era la última en ser tomada en cuenta ya que los casos eran asignados por señoría. Apenas podía consultar uno o dos pacientes a la semana.

La doctora Luna había recibido una increíble oportunidad para entrar a uno de los centros psicológicos más reconocidos del país, pero para esto necesitaba presentar un proyecto sobre "psicología social" que dejara al descubierto un problema actual en nuestra sociedad, pudiendo así encontrar posibles soluciones o recomendaciones para tratar dicho problema.

La Dra. Luna pasaba sus días investigando, leyendo libros, haciendo encuestas en línea, todo por encontrar un problema social de relevancia al que muy pocos estuvieran ofreciendo una solución, hasta que un día en su consultorio...

— Ya sé lo que haremos para poder empezar mi estudio social – exclamó la doctora.

— ¿De qué se trata? – preguntó la asistente

— Comunícame con el Dr. Ortiz. Le voy a plantear la situación en la que me encuentro. Es un hombre muy afable y siempre dispuesto a ayudar a los demás. Estoy segura de que me ayudará con mi proyecto.

Luego de una extensa conversación entre los colegas, la doctora estaba más que satisfecha y emocionada por todas las respuestas dadas por el Dr. Ortiz. No solo la ayudaría a conseguir los recursos que necesitaría para su proyecto, sino también a decidir con qué tipo de población realizaría su estudio. El Dr. Ortiz era un hombre con muchos años de experiencia en el campo de la psicología y creía firmemente en el potencial de los nuevos talentos, como lo era Luna.

Con una gran sonrisa se reunió con su asistente para explicarle cómo operarían de ahora en adelante y ultimarle los detalles de su tan importante proyecto, por lo que procedió a decir:

— Debido a mi propia experiencia, la de mis familiares, la de mis amigos, conocidos y desconocidos con los que he tenido la oportunidad de compartir, los cuales actualmente en su mayoría rondan entre las edades de

20 a 30 años, las presiones sociales afectan emocionalmente, pues disfraza la realidad con estereotipos que entienden pueden ser aceptados por la sociedad sin ser juzgados en lo absoluto. Ya sea por miedo o por no querer salir de nuestra zona de confort, mi querida Katy, esta generación está siendo muy presionada respecto a las cosas que debemos hacer según nuestras edades.

— Cuanta verdad en sus palabras Dra. Luna, creo que soy un vivo ejemplo de la presión social – dijo Katy con un poco de vergüenza en su rostro.

— Lo sé, Katy. Todos lo somos en algún momento... y por eso tú y yo vamos a hacer este proyecto para ayudar a esas personas a revelarse, aceptarse y darse cuenta que los problemas que enfrentan cotidianamente son más comunes de los que se imaginan ante una sociedad tan exigente. – dijo con voz de esperanza... y continuó con firmeza – Hoy nos vamos temprano, ya con la idea clara de lo que haremos. Mañana trabajaremos en el nombre y en las posibles inquietantes que pueden llegar a tener los pacientes para comenzar con las citas lo más pronto posible.

— ¡Perfecto! Hasta mañana mi estimada Dra. Luna, espero que pase un buen resto del día. – se despidió Katy.

— Muchas gracias y hasta mañana, Katy. Descansa que mañana habrá mucho que hacer. – Dice la Dra. Luna

Al día siguiente la doctora estaba en su oficina más temprano de lo habitual. Se sentía inspirada desde el día anterior y decidió trabajar en su proyecto. Sus ideas eran más claras y había realizado un escrito con las preguntas potenciales de sus pacientes, permitiendo así prepararse mejor ante sus respuestas y en la forma de ayudarlos.

Katy llegó, ordenó sus cosas y cuando entró a la oficina a dejarle en el escritorio las ideas que había pensado para el proyecto. Se sorprendió al ver a la doctora muy concentrada digitando en su computadora.

— Buenas tardes doctora – saludó Katy.

— Buenas tardes, Katy. ¿Esos papeles son las ideas que te pedí?

— Sí... –respondió.

— Haremos una cosa: mándamelas a mi email. Las evaluaré y la juntaré con las mías. Más tarde te aviso y las discutimos, ¿te parece? –

— Me parece bien doctora. Ya mismo le envío el documento.

Horas después se encontraban en la oficina discutiendo las ideas. Después de varios intentos pudieron determinar las posibles preguntas que los pacientes se hacen a ellos mismos y que temen decirles a los demás.

Una vez impresas las ideas en hojas, Katy procedió a leerlas y expuso lo siguiente:

¿Qué pasa cuando no somos muy adultos, pero tampoco somos muy jóvenes? ¿Quiénes somos? ¿Qué nos define? ¿Estaremos tarde para empezar algo? ¿Qué pasa si no sé qué quiero hacer con mi vida? ¿Qué pasa si no quiero hijos? ¿Qué pasa si a esta altura de mi vida no estoy claro de mi orientación sexual? ¿Qué pasa si hoy me gusta una persona y mañana otra? ¿Qué pasa si soy muy débil con mi sexo opuesto y me domina el instinto? ¿Qué pasa si no encajo con nadie? ¿Y, si me quedo solo toda la vida?, pero también ¿Qué pasa si quiero 4 hijos, estoy demasiado tarde para tenerlos? ¿Qué pasa si ya tengo hijos, pero no sé cómo ser padre? ¿Qué pasa si terminé mi relación de años y ahora no sé si me quedaré solo? ¿Qué pasa si quiero a quien no me quiere o quien me quiere no es mi tipo? ¿Qué pasa si no tengo trabajo? ¿Qué pasa si gano muy poco y apenas sobrevivo con mi sueldo, pero según yo, estoy estable y solo necesito organizarme? ¿Qué pasa si gano mucho y el dinero lo gasto en porquerías? ¿Qué pasa si no tengo claro cuáles son mis sueños? ¿Qué pasa si mis sueños están muy grandes para mi realidad?

Luego de leer las preguntas, Katy afirmó:

— - ¡Estas son las preguntas ideales, mi doctora! Creo que me puedo identificar con más de una en ese cuestionario. En base a eso puede empezar a trabajar para optimizar las respuestas a sus pacientes, recordando claro lo que usted siempre dice "Cada cerebro es diferente". Estas preguntas generalizadas son bastantes acertadas. Y si no le molesta, tengo una nota en mi celular que escribí anoche y me gustaría leérsela.

— Por supuesto Katy, adelante – le animó la doctora.

— A lo que Katy expuso:

No sé si me juzgará una sociedad con altos estándares para mi vida. Ellos esperan más de mí; ellos esperan lo mejor, pero ¿quiénes son ellos? Ellos son todos los que no son YO y les temo. Le tengo tanto miedo a su reacción que me cuesta atreverme, estoy llena de cobardía y tal vez nunca sepa qué puede pasar si me atrevo a ser quien realmente soy.

— Excelente Katy, ahora que sé un poco cómo te sientes, te invito a que seas mi primera paciente, quiero ayudarte a liberar tu mente y que empieces por aceptar tus imperfecciones.

— Pero doctora no cree usted que quizás soy muy adulta para lo que usted quiere hacer – dijo llena de vergüenza

— Eres perfecta. Es precisamente sobre eso, cuando creemos que somos muy adultos o muy jóvenes para ciertas cosas. Muchas personas que no están en los 20, pero tampoco en los 30, se encuentran en un limbo emocional por no saber cómo sentirse o cómo actuar ante la sociedad que los rodea. Muchas personas solo necesitan ser escuchadas y justamente eso es lo que haremos aquí, escucharlas. − dijo la Dra. con voz de apaciguar la tensión del momento.

— Está bien. Tiene usted la boca llena de razón; no puedo negarme ante semejante ayuda, por mí podemos empezar ahora mismo−dijo Katy algo conmovida.

— Hoy sería muy apresurado; quiero que estés relajada, así la consulta puede ser más espontánea. Hoy vas a tomar la lista de pacientes que nos pasó el doctor Ortiz, sacarás los pacientes entre el rango de edades que nos interesa y puedes empezar a llamar inmediatamente y agendar las citas. Trataremos un paciente por día durante aproximadamente dos semanas o menos. Así que contándote a ti tendría mi muestra de 15 pacientes, creo que serán más que suficiente.

— Katy procedió solo a asentir con la cabeza, con esas y otras indicaciones dieron por terminada la jornada de trabajo, despidiéndose para volver a encontrarse al día siguiente.

— Al día siguiente, como de costumbre, la doctora llega a su oficina con café en mano, saluda a su asistente y le indica:

— Te espero en media hora en mi consultorio para nuestra sesión de hoy.

— De acuerdo doctora Luna – respondió Katy

Media hora después la doctora y su asistente, quien ahora jugaría el rol de paciente, se encontraban en el consultorio, era un espacio con una decoración minimalista en tonos azules tenues, con cuadros alusivos al mar y al cielo, pues según la Dra. el lugar en tonos azules podía proporcionar sensaciones de mayor relajación y confianza en los pacientes. Katy estaba recostada en el confortable diván de la doctora, mientras ella estaba en su silla de lado izquierdo de la cabecera del diván, de modo que Katy no podía verla, solo escuchar su voz.

— Bien, Katy, quiero que me digas quién eres, quiero que me hables de ti, de lo que quieres, lo que oprimes, lo que te atormenta, lo que te avergüenza. Este es el momento donde podrás hacer el monólogo de tu vida. Solo deja que las palabras salgan de tu boca sin filtrarlas.

KATHERYN

— Soy Katheryn, soltera a los 27 años, graduada de una buena carrera como lo es psicología clínica, con un empleo estable. Me considero una mujer independiente, lo cual no estoy segura de que sea un gran logro porque sé que al igual que yo hay muchas mujeres independientes, algunas hasta más jóvenes que yo, aunque sé que hay otras mayores también. Sigo viviendo en la misma ciudad donde nací, mi cantidad de amigos la considero suficiente, trato de comer sano y hacer ejercicios eventualmente. Salgo de vez en cuando, uno que otro pretendiente, con algunos tengo sexo, pero nada formal. En fin, para los demás mi vida es bastante normal.

— Lo que no saben es que soy muy insegura, no me creo suficientemente buena para los hombres porque mi cuerpo no es perfecto, mis nalgas no son tan firmes como quisiera y mis senos ya van sintiendo la fuerza de la gravedad. Por eso voy al gimnasio con la esperanza de mejorar mi apariencia y así ser merecedora de un "buen partido" como pareja. Salgo a fiestas por mi miedo a estar sola, el alcohol y mis amigos me hacen olvidar lo patética que es mi vida y me hacen pasar un buen rato. No creo que soy mala persona, pero es inevitable no sentir envidia de alguno de mis amigos de vez en cuando, por ejemplo: los que tienen pareja estable, los que tienen mejor sueldo, los que pueden comer de todo sin temor a engordar, los que pueden gastar en aparatos electrónicos del momento, en ropa y en viajes a los que yo no puedo ir.

— Mi familia me apoya como puede. Siempre me dicen que están muy orgullosos de mi independencia. Pienso que me alaban más de lo que deberían y eso me presiona a querer hacer más y más para estar a la altura de lo que ellos creen que soy. En ocasiones asumo compromisos financieros, que no tengo la capacidad de asumir, todo para ser "una mujer responsable" y no darle quejas a mi familia, porque yo puedo sola, porque soy independiente. Este es mi primer trabajo en el área y estoy muy agradecida, pero no le niego que a veces me llegan pensamientos de reproche, porque a esta edad ya debería tener mi propio consultorio, pero al mismo tiempo me pregunto, ¿cómo lo hago si apenas estoy aprendiendo?. Todos mis pretendientes tienen el mismo objetivo en común: sexo. A veces dejo que lo consigan solo por hacerlo, ni siquiera porque realmente me atraigan físicamente, pero disminuyo mis exigencias y les doy la oportunidad a ver si luego del sexo puede salir algo más, algo así como una relación formal. Esa vida normal que todos creen que tengo. Es un caos emocional.

La Dra. Luna después de escuchar con atención y tomar notas, procedió a decir:

— Quiero que sepas que al igual que tú sé que muchas personas se encuentran en esta situación y que al menos con una de estas situaciones que mencionaste se pueden identificar, así que no creo que sea algo de lo que debas avergonzarte. Solo cuando aceptamos los problemas que creemos tener, nuestro cerebro establece nuevas rutas neuronales que nos permiten ver posibles soluciones que antes pasamos inadvertidas. En ingeniería industrial hay una técnica muy conocida llamada "Los 5 Porqués", inventada por Sakichi Toyoda, quien es el fundador de la gran empresa TOYOTA. Así que vamos a aplicar esto a los problemas que te atormentan. Esta técnica consiste en hacer la pregunta e ir respondiendo hasta llegar a la última, la cual sería nuestra causa raíz. ¿Estás lista?

— Sí–respondió Katy.

— ¿Por qué crees que no eres feliz?

— Por mis inseguridades.

— ¿Por qué son esas inseguridades?

— Porque me siento sola, aunque esté rodeada de gente.

— ¿Por qué crees que estás sola?

— Por no cumplir los altos entandares que tiene la sociedad.

— ¿Por qué crees que la sociedad tiene altos estándares?

— Porque vivimos en un mundo banal, donde solo porque algo brilla ya se considera oro, nos sobra vanidad y nos falta amor.

— ¿Por qué crees que nos falta amor?

— Porque ya perdimos la fe, no creemos en nada, andamos en el mundo respirando porque estamos vivos, viviendo sin vivir. El amor es el motor que mueve el mundo y a todo lo que en él habita. Para tener esa fe en el amor debemos creer en algo, a ese amor podemos llamarle Dios, podemos llamarle universo, podemos llamarle energía, todo eso es amor.

— Excelente reflexión Katy. Tu última respuesta no tuvo desperdicio alguno. Estoy muy orgullosa de ti. Según este pequeño ejercicio podemos darnos cuenta que te hace falta más fe en ese amor que describiste, te falta creer más en ti y en lo que eres capaz de hacer. La falta de fe nos enseña a vivir solo para aparentar ante los demás y no para ser nosotros mismos. Todos necesitamos creer en algo, como mencionaste anteriormente ya sea en un Dios, el universo o alguna energía superior que nos sirva de inspiración. Cuando dejamos que esta fe entre a nuestras vidas, nos volvemos optimistas y empezamos a querer ser mejores seres humanos día tras día. Un buen ejercicio es, empezar a olvidarte de lo que quiere la sociedad, de las cosas materiales que tienen los demás, de tener el cuerpo perfecto, de los deseos de tu familia. ¿Qué crees que pasaría si empiezas a enfocarte en ti? ¿qué tal si te sinceras contigo misma y empiezas a trabajar en tu mejor versión día tras día? – pregunta la Dra.

— Quizás empiecen a pasar cosas diferentes a las que ahora están sucediendo... – responde Katy tímidamente

— Eventualmente, las cosas empezarán a tomar el lugar correcto, porque no todo es como ese famoso dicho que dice "Todo llega para quien sabe esperar" las cosas llegan cuando no te sientas a esperar y empiezas a practicar el verbo "hacer" – finalizó la doctora.

Katy se puso de pie y abrazó a la doctora, dándole las gracias por esa conversación que tanto necesitaba en su vida.

— Esta sección nos deja de enseñanza que la vida se nos puede ir, esperando que las cosas pasen, es mejor hacer que las cosas sucedan, asumiendo la responsabilidad de nuestro crecimiento personal y dando nosotros el primer paso. – agregó para dar por finalizada la consulta.

Al día siguiente, al llegar a los consultorios, Luna se encontró a Katy con un mejor semblante y una actitud más positiva. Se sintió bien saber que solo necesitaba dejar salir todas esas inseguridades. Como siempre, con su café en mano, la saludó, entró a su consultorio y empezó a preparar todo para recibir a la paciente de hoy.

— Acaba de llegar la Srta. Nirvana, su paciente de hoy – le informó Katy a la doctora a través del intercomunicador

— Hazla pasar, Katy. Muchas gracias.

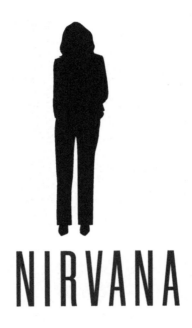

NIRVANA

Acto seguido, entra una joven al consultorio. La doctora la saluda cortésmente y la invita a ubicarse donde se sienta cómoda, ya sea el diván o una de las sillas de su escritorio. La joven procedió a recostarse en el diván y tan pronto lo hizo, sus ojos se cristalizaron y las lágrimas empezaron a caer en su rostro...

— Llora todo lo que quieras, Nirvana, este es tu momento, si solo quieres llorar eso haremos. Cuando estés lista para hablar, hablaremos – dijo la Dra. con tono de voz bastante suave.

— Sí, quiero hablar – dijo Nirvana sollozando.

— ¡Adelante! Mi pregunta es bastante simple: ¿Quién eres? ¿Quién es Nirvana? Y ¿Qué es eso que te saca lágrimas?

— Mi nombre, como ya usted lo sabe, es Nirvana Mateo. Tengo 28 años, graduada en mercadeo hace varios años ya, pero nunca he ejercido mi carrera. Trabajo en un *call center*. Acabo de terminar mi relación de 5 años con alguien con el que pensaba me iba a casar, pues como verá ya no soy una niña. Soy de un pueblo, pero nos mudamos a la ciudad por una mejor vida. La verdad es que no me preocupo por mi alimentación, salgo ocasionalmente y soy una persona de pocos amigos por eso de que es mejor calidad que cantidad, prefiero no ser muy social. Ante los ojos de todos soy una mujer tradicional, que no toma riesgos y va a lo seguro. Mi realidad sale a la luz en las noches, cuando todos duermen y las luces se apagan, no puedo evitar llorar cada noche. – Hizo una pausa para limpiar sus lágrimas.

— Cuando lloras te desahogas, pero ¿Qué tanto tienes por soltar que te desahogas todas las noches? – preguntó la doctora.

— No soy feliz con mi vida. Lloro en las noches porque vi deteriorase mi relación hasta convertirse en un fracaso. ¿Cómo es posible? Después de todo lo que hice por él y por nuestra relación, simplemente llegó un día y me dijo: "Nirvana te dejo porque mereces algo mejor" ¿No pudo buscar una excusa menos cliché que esa? – Sonríe sarcásticamente y luego continúa.

— Quien le dijo a él que yo quería estar "con alguien que me merezca" ¿Qué me merezca según quién? Cómo podría saberlo. Yo quería estar con él, aunque no me mereciera. No soy una mujer de discotecas, nunca me llamaron la atención, ni andar descotada, ni vestirme sexy, ni beber alcohol y yo sé que a él le empezó a llamar la atención ese mundo hace un tiempo atrás. Al parecer, me convertí en una costumbre para él, en algo monótono y sin gracia. Lloro en las noches porque estudié Mercadeo solo para complacer a mi padre. La verdad es que soy una vergonzosa desde que nací y el Mercadeo requiere mucha interacción con las personas, demasiada para mi gusto. Según mi padre, con esta carrera iba a poder conseguir dinero más rápido y al final el dinero es lo importante. A eso le sumamos que todo fue tan rápido como terminé el colegio porque también tenía que graduarme joven. Lloro en las noches porque en mi trabajo solo soy un operario más para atender llamadas. Me siento atrapada, pero soy tan cobarde para renunciar y ya estoy envuelta en una zona de seguridad y tranquilidad donde solo necesito una silla y un teléfono.

Mi cuerpo no es nada especial como puede usted notar. Mire estos horribles rollos en mi cintura, mis piernas están llenas de celulitis, mis senos no me gustan porque son muy grandes para mi gusto. Mis amigos me molestan de vez en cuando diciéndome que soy una aburrida que debo ser más viva, pero ellos no saben que yo ni siquiera sé que es sentirse viva. Yo no soy de esas que viven un día más, para mí cada día que pasa es un día menos en esta vida tan inconforme hasta que me llegue el último. A veces, me sorprendo a mí misma sintiendo un poco de esperanza de que algo pase, no sé, algo como un milagro celestial que cambie mi vida y que yo no tenga que hacer nada para que suceda – expresó con frustración.

— Nirvana, me gusta mucho tu nombre. ¿Sabes lo que significa? – preguntó la doctora.

— No, ni siquiera sabía que significaba algo. Me lo pusieron en honor a mi abuela. – Responde Nirvana

— Tu nombre tiene mucho poder, así como sé que lo tienes tú. Nirvana es un nombre que en el budismo significa "estado de liberación tanto del sufrimiento como del renacimiento". – Le informa la Dra.

— Nirvana, sorprendida por ese significado, solo logró asentir con la cabeza.

— Alguien con ese nombre no debería permitir que el miedo sea un estado permanente en su vida, ¿no crees? – preguntó la doctora.

— Es fácil decirlo, doctora, pero a diario me enfrento a presiones de todos los que me rodean. Mis padres morirían del disgusto si dejo el trabajo para descubrir algo que realmente me guste. Soporto el "bullying amistoso" de mis amigos porque siento que si les digo que me molesta ya no querrán pasar tiempo conmigo. Me miran como si fuese una alienígena cuando les digo que no me gusta beber, ni fumar y que odio el ruido de las discos. Siento que en cualquier momento dejarán de hablarme. Cuando me encuentro con antiguos compañeros del colegio y me preguntan: ¿Qué de tu vida, Nirvana? No tengo nada interesante que decir, ¡a mis 28 años, doctora! La gente creerá que estoy loca si les digo que me gustaría estudiar pintura.

Puedo escuchar todos sus consejos en mi cabeza: "Nirvana la situación está dura para andar pintando" "Concéntrate mejor en buscar un novio, ya estás en edad de casarte y tener hijos" "Se te hace tarde y te va a dejar el tren de la vida, querida" "Sigue como estás y no te compliques" –terminó Nirvana con una expresión de tristeza en su rostro.

— Nirvana, no eres una alienígena porque no te gusten las mismas cosas que a tus amigos. Todos tenemos días en los que podemos ser como tú, que no queremos ruido, que no queremos tomar alcohol, eso es algo sumamente normal y que lo tuyo sea permanente no debería ser de asombro para nadie. Sé que hay muchos libros de superación que nos dicen que la vida es "un día más", pero la verdad es que la vida es como tú la quieras ver. Todo es cuestión de perspectiva. Si para ti es un día menos está bien, lo malo aquí es que estás a la espera del último y es mejor que ese día nos tome por sorpresa. Todos tenemos días en los que no somos optimistas, que nos invade el miedo a salir de lo simple y de "nuestra zona de confort". Hay muchas personas que solo se matriculan en una universidad para decir que estudian algo. Una carrera universitaria no te define como ser humano, pero juega un papel importante en nuestro futuro como adultos. Por eso, no es una decisión que deba ser tomada para complacer a nadie más que a nosotros mismos, porque es nuestro tiempo el que será invertido, es nuestro deber elegir bien, pero si te equivocas no pasa nada. Como ya te dije, es tu tiempo y tienes derecho sobre él, así que puedes invertirlo buscando algo que si te gusté hacer.

— Si quieres dejar de llorar en las noches, todo lo que necesitas en tener el valor de dejar de hacerlo. Sé que es más fácil para mí decírtelo y que tú tienes la peor tarea, tienes que hacerlo. Sé que es difícil, que es complicado, que el mundo se te volverá una locura por un tiempo, que tendrás que luchar contra ti misma para lograrlo y puedo decirte muchas cosas más, pero ¿y qué? No puedes controlar cómo reaccionen los demás ante tus acciones, pero sí como reacciones tú. Por más absurdo que suene, siento que todos tenemos un propósito en la vida y yo no creo que ser infeliz y llorar todas las noches sea tu propósito, ni vivir con miedo, ni mucho menos complacer a todos a tu alrededor. Tu propósito puede que vaya más allá de solo estar viva solo porque respiras. – La doctora hizo una pausa y empezó a hacer apuntes...

— ¿No crees que ya te has lamentado lo suficiente? – le preguntó.

— Nirvana no dijo nada, solo levantó la mirada hacia ella, pero no fue capaz de responder.

— ¿Qué es lo peor que puede pasar si sales al mundo y te atreves a ser tu misma? – continuó preguntando la doctora.

— Equivocarme – respondió Nirvana.

— Eso es parte de vivir, nuestra esencia muere un poco cada vez que tenemos que fingir ser quienes no somos. Hazle honor a tu nombre y actúa como "el nirvana". Tienes la capacidad de extinguir ese ser que ya no quieres ser y darte la oportunidad de renacer de nuevo las veces que sean necesarias en búsqueda de tu propósito en la vida sin importar la edad que tengas – afirmó la doctora.

— ¿Dónde está esa capacidad? – pregunta Nirvana.

— Tú dime, donde la tienes retenida. – Dice la Dra.

— ¡Prisionera de mis miedos! – exclama Nirvana

— Tú eres capaz, la respuesta está en ti, esa liberación es tu decisión. – Le anima la Dra.

— Es cierto. Creo que es tiempo de liberarme un poco de algunos miedos. ¡Qué bien se siente ser escuchada sin temor a ser juzgada! Gracias por esta consulta. Mi corazón necesitaba un pequeño soplo de esperanza. Espero tener el coraje para utilizarla a mi favor. Muchas gracias – se despidió Nirvana y salió del consultorio.

Finalizada la consulta, la doctora Luna se quedó organizando sus apuntes y sacando similitudes entre sus dos primeras consultas que iba a utilizar para su proyecto.

Al día siguiente llegó un poco tarde a su consultorio y el paciente del día ya se encontraba en la sala de espera. Dio los buenos días y entró a su consultorio. Hizo todo con toda la prisa del mundo e hizo pasar al paciente que por ser hombre consideraba que quizás era más tolerante con la cuestión de la puntualidad.

RONDÓN

— ¡Buenas tardes, señor Rondón! Póngase cómodo donde guste – indicó la doctora refiriéndose a las sillas en su escritorio y al diván que se encontraba frente al escritorio.

— ¡Gracias, doctora! Me puede llamar Teo y preferiría sentarme en la silla. Me gusta mirar a los ojos de las personas con las que hablo.

— Muy bien, Teo, como gustes – contestó la doctora mientras ambos tomaban asiento en sus respectivas sillas.

— Pareces ser un hombre muy seguro. Me gustaría saber quién eres. – Dice la Dra.

— ¿Quién soy? – preguntó Teo en tono desorientado.

— Si, quien es Teo Rondón y que lo empujó a estar aquí el día de hoy.

— Porque creo que perderé la razón si no hablo con alguien de lo que me está pasando.

— Dime quién eres y así veremos si realmente vale la pena perder la razón – le indicó la Dra.

— Soy Teo Rondón, el "futuro de la familia". Tengo 27 años. Empecé a estudiar Ingeniería en Sistemas, pero la pausé hace un tiempo y aún no retomo. La verdad es que tengo un buen trabajo de vendedor y no me hace falta el dinero. Soy un tipo que trata de cuidar su físico haciendo ejercicios porque como de todo, ante los ojos de muchas féminas soy "un tipo aparente". Vivo con mi mejor

NI 20. NI 30

amigo; me mudé de casa de mis padres hace unos años. Para mis padres soy su orgullo por ser el único varón de la casa. Mis amigos dicen que soy el alma de las fiestas porque siempre trato de que todos pasen un buen momento con mis payasadas. Tengo una novia, pero a pesar de eso también me veo con otras mujeres. Creo que ella lo sabe y prefiere hacerse de la vista gorda para guardar apariencias. – dijo con el ceño fruncido.

— Hasta ahora no me has dicho nada que pueda considerar como un factor para perder la razón.

— Esa es mi portada doctora; todo lo que la sociedad ve, pero no es todo lo que soy. Estoy lleno de confusiones y vergüenzas. Cuando decidí pausar la universidad fue el detonante de todo. Mi familia entró en una crisis y solo había discusiones a toda hora. Todavía tengo sus reclamos en mi cabeza, cosas como: "Nunca vas a saber lo que quieres" "Para ti la vida es un relajo" "Eres un hijo malagradecido" "No puede ser normal que hoy te guste una cosa y al otro día otra, pareces anormal" "Cuándo es que tomarás la vida en serio y empezarás a ser un hombre" "Nos fallaste Teo" "¡Qué decepción, Teo!". Luego de eso nos reconciliamos y sé que cuando estamos enojados podemos decir cosas que no sentimos, pero aún las pienso y hasta he llegado a creer que tenían razón, les fallé.

Hace una pausa mirando al piso, luego continúa.

— Quiero a mi novia, a mi manera, aunque quizás no sea la correcta, pero es la única que sé. Debo ser el alma de las fiestas porque creo que, si no soy así, la gente no me va a querer, así que debo esforzarme para hacerlos sentir bien, ya que siento que les estoy fallando. La gente piensa que soy un fiestero por diversión, pero la verdad es que salgo solo para distraer mis pensamientos y tomo alcohol para tener el valor de estar con otro hombre sin sentir vergüenza por disfrutarlo. Sí, doctora, soy bisexual. Mi vida es una lucha interna constante entre mi corazón, mi mente y mi cuerpo. Me hago preguntas diariamente, preguntas como: ¿Por qué me gustan las mujeres? ¿Por qué me gustan los hombres? ¿Me aceptarán, me juzgarán, sentirán vergüenza de ser mi familia, mis amigos...pensarán que soy un pervertido promiscuo? ¿Cómo lo explico? ¿Cómo explico esto que me pasa cuando yo mismo no puedo descubrirme? ¿Con quién hablo si nadie me entiende y me juzgarán? ¿Por qué siento este miedo y esta vergüenza por mí mismo? ¿Por qué tengo que mentir para poder vivir en esta sociedad? ¿Por qué discriminan tanto la bisexualidad?

— Yo no espero que nadie me entienda, doctora, porque la verdad yo no podría explicarlo, pero el miedo me impide aceptarme completamente, siento que el mundo me verá como un pecador depravado. ¿Será que es una simple confusión sexual? – se preguntaba Teo en voz alta con mucha tristeza.

Teo no pudo contener más sus lágrimas, así que agachó la cabeza para que lo doctora no lo viera llorar.

— Teo, puedes levantar la cabeza, llorar es para todos, sin importar el sexo.

Teo levantó su cabeza esperando alguna respuesta de la doctora ante su confesión, pero en su rostro no veía ni una sola muestra de asombro. Al parecer para ella su condición era bastante normal.

— Teo, tienes que entender que todos tenemos una manera distinta de querer a los demás; no creo que exista un estándar para eso. Estás con mujeres diferentes en busca de respuestas en sus cuerpos. ¿Has pensado en qué respuestas te gustaría encontrar? – preguntó la doctora.

— La respuesta más fácil y por la que sé que nadie me juzgaría, en busca de la perfecta compañera sexual que no me haga pensar en tener sexo con otro hombre – respondió Teo.

— ¿Crees que encontrarás respuestas de esa forma? – cuestionó la doctora.

— A veces creo que no hay respuestas, llevo mucho tiempo buscándolas.

— No sé si has escuchado algo sobre Sigmund Freud, un médico austriaco que fue bautizado como "el padre del psicoanálisis". Tengo un artículo que encontré mientras hacia una investigación sobre ese tema. Dame un segundo y lo imprimo para que lo leas.

— La doctora Luna empezó a digitar en su computadora, luego se escuchó el ruido de la impresora mientras imprimía el documento. Se puso de pie, tomó el papel y se lo entregó a Teo diciendo:

— Léelo para mí, por favor.

Teo empezó a leer en voz alta, lo siguiente:

La bisexualidad ha existido desde siempre, aunque no haya tenido la misma visibilidad y aceptación que la heterosexualidad o la homosexualidad. Personajes como Alejandro Magno o Julio César son algunos ejemplos de personas declaradas bisexuales más antiguos que se conocen.

El término bisexual como tal no aparece hasta 1890 en la literatura biológica, ya que hasta entonces se conocía como "estado de intersexualidad patológica" a falta de un término con el que determinar la orientación.

A partir de entonces, algunos teóricos trataron de explicarla. Uno de los primeros fue Freud, que hablaba de una bisexualidad innata: para Freud todo el mundo es bisexual al nacer y es la existencia o no del órgano sexual masculino y su atracción (o no atracción) hacia éste lo que determina la orientación sexual definitiva. Freud, por tanto, estableció la base de que la bisexualidad no era una sexualidad, sino una etapa de transición hasta una sexualidad definitiva [1].

Teo finalizó la lectura un poco confundido. No entendió mucho lo que acababa de leer, entonces miró a la doctora y preguntó:

— ¿Qué se supone que debo entender de esto?

— Puedes estar de acuerdo o no estarlo, la opción es tuya. Entiendo que según lo que acabas de leer, puede que no sea una confusión sexual, puede que simplemente sea una etapa de transición, esta etapa puede durar un año, dos años, tres años ¿Quién sabe? Todos somos dueños de nuestros cuerpos y tenemos el derecho de experimentar con él.

— Pero ¡todos me juzgarán!...

— ¿Te juzgaran si lo haces?

— Sí, me llamarán desorientado, depravado...

— ¿Y si no lo haces, cómo te llamarán?

— Me llamarán cobarde...

---

1   Fuente: https://cuidateplus.marca.com/sexualidad/diccionario/bisexualidad.html

— Entonces de todas formas van a juzgarte, creo que tendrías que decidir a quién quieres complacer, a ellos o a ti.

— ¿Y si me paso la vida buscando definir mi sexualidad?

— ¿Quién podría juzgarte por intentar descubrirte? Puede que la definas o puede que no. ¿No crees que es mejor disfrutarlo mientras lo descubres?

— Creo que sí, nadie debería juzgarme solo por sentir de manera diferente a lo que la sociedad cataloga como "normal". Ni siquiera yo mismo.

— Estoy de acuerdo contigo. Lo "normal" ante la sociedad puede llegar a limitarnos en todos los sentidos. Pero, ¿te gustaría que jugaran contigo solo para buscar placer?

— No, claro que no, en caso de que solo quieran jugar, esperaría a que me lo confiesen al inicio y así sabría a qué atenerme.

— Entonces entiendes que la sinceridad es importante para ti, como también podría ser para los demás. Entiendo tu temor ante esta sociedad tan compleja, a tu círculo social que es bastante tradicional puede que les cueste un poco aceptarlo, pero puedes empezar dando el ejemplo aceptándote tú primero.

— Es que no sé si me aceptarán – dijo, aún preocupado

— A las personas que le importas, te aceptarán tal como eres y no es necesario lastimarte a ti ni a nadie en el camino.

— No quisiera lastimar a nadie, ni siquiera espero que me entiendan, solo quiero que me acepten – continuó Teo, cabizbajo.

— Eres un promotor de lo diverso, Teo, la diversidad nos invita a aceptarnos y a querernos entre nosotros de distintas maneras.

— Me gusta cómo suena, la diversidad está llena de empatía, podría hacernos mejores, a mí y a los demás...

— Ahí tienes tu respuesta. – Dice la Dra.

— Es usted increíble. Gracias por esta sesión, es usted muy afable. Es tan fácil hablar con usted. – dijo conforme y emocionado por su sesión

— Para mí es un placer escucharte, Teo, eres un joven muy interesante y sé que lograrás todo lo que quieras, de corazón.

— Lograré promover la diversidad y luego vendré a contarle cómo me va – dijo Teo mientras iba saliendo del consultorio

— Estoy segura de que lo lograrás, que pases buenas tardes, Teo – dijo despidiéndose.

— Igual para usted doctora. Nos vemos pronto.

Más tarde, la doctora Luna trabajaba en su computador preparando material para su gran proyecto, cuando escucha unas voces fuera de su puerta y de pronto...

SARA

— Doctora Luna, la joven Sara está aquí más temprano, le dije que debía informarle primero, pero insistió – anuncia Katy con cara de preocupación.

— Tenía entendido que no atendería más pacientes, por eso me tomé el atrevimiento – interrumpe Sara.

— No hay problema, Katy. Por favor, cierra la puerta al salir. Sra. Sara, tome asiento a donde le sea más cómodo – le indicó.

— Puede por favor darme un poco de agua, se me ha secado toda la boca, es mi primera vez en un sitio de estos.

— Desde luego Sra. Sara – dice mientras le hace llegar una botella de agua.

Sara hizo una pausa para tomar agua y luego respondió:

— Menos formalidades, por favor.

— Como gustes, Sara. Es grato saber que te animases a hablar y ser yo quien te escuche. ¿De qué quieres hablar?

— Tenía pensado todo un monologo de mi vida mientras estaba en la sala de espera, ahora mi mente está en blanco—alcanzó a decir mientras cerraba los ojos.

— Está bien, no te presiones, empezaremos cuando estés lista. Estoy aquí para escucharte, pero si no es hoy puede ser otro día. No hay prisa.

Hubo un silencio en el consultorio por unos minutos, hasta que Sara interrumpió esa tranquilidad y empezó a hablar.

— Bueno, como ya sabe mi nombre es Sara Maldonado. Tengo 25 años y estoy en el último semestre de mi carrera de odontología, de la cual estoy muy orgullosa. Creo que es de lo único....

Hizo una pausa cerrando los ojos por un momento, y luego continuó.

— No tengo pareja, al menos no una formal. Me considero simpática selectiva, solo cuando y con quien quiero serlo, debido a esto mi círculo de amigos no es muy grande. Soy hija única y de madre soltera, que ni siquiera vive en el país. Actualmente vivo con mi tía, que me define como la sobrina fiestera y popular, porque según ella voy demasiado a fiestas. Siempre, toda mi vida he intentado ser "buena vibra", ser optimista, ser agradecida con todos y con todo, pero ya no puedo más, doctora. Siento que solo doy, doy y sigo dando, pero nunca recibo nada. Nadie se da cuenta cuando en medio de una fiesta me cambia el semblante y me entristezco. Me invade la melancolía y ¿sabe por qué no lo notan? Porque soy tan buena fingiendo que "estoy bien" que ya es casi imposible darse cuenta. A veces quisiera que alguien se diera cuenta. Creo que he pasado tanto tiempo amando a otros, priorizando a otros, que ya olvidé amarme a mí misma, elegirme primero a mí, ser mi prioridad, aunque suene egoísta. He llegado a creer que debo esforzarme más para merecer ese amor bonito que otros tienen, que ser yo misma no es suficiente.

— Me visto bien, me maquillo, me perfumo solo para que a otros les guste y lleguen a quererme. A veces soy amable sin quererlo solo para que me quieran; finjo ser la más comprensiva y paciente ante cosas que me molestan, pero creo que si les digo lo que pienso pueden alejarse. Por eso, soy Sara la positiva, la divertida, la chica alegre, la que tiene la mente súper abierta, la que viste sexy ¿y todo para qué? Para que me quieran y no se alejen. Me pregunto: ¿Los demás fingen también? Porque creo que soy yo la única capaz de aceptar los defectos y las inseguridades de otros, pero nadie puede aceptar las mías. ¿Qué es lo que hay que hacer para ser suficiente? Las personas que amo me hacen daño. Tengo tanto miedo de morir sola que me acostumbré a recibir las migajas de amor que me da un hombre y aunque sean migajas que solo duran unos instantes, me hacen sentir viva y deseada. Esa relación empezó como un simple "sexo recreativo" algo sin importancia, conocer lo excitante de estar con alguien, aunque no nos pertenezca, pero fue pasando el tiempo y él seguía ahí. Yo seguía siendo algo de a ratos para él, pero él para mí se convirtió en algo permanente y he llegado a pensar que eso es lo que merezco porque yo misma me lo busqué.

Sara no pudo evitar llorar en ese momento. Lloró por unos minutos y luego continuó.

— He estado con otros hombres para buscar ese amor que él no me da y no he tenido éxito, así que también lo veo como una venganza ya que él tiene otras mujeres. Por él, he llegado a desconfiar hasta de mis amigas, porque ya no creo en fidelidades hacia nadie. Entonces, si intento quejarme con alguien, me dicen cosas como: "Estás muy joven para enamorarte" "Estás en edad de divertirte" "Debes salir con todos ahora porque ya luego tendrás que casarte"... Y yo lo intento. De verdad intento seguir esas recomendaciones, intento ser esa chica mala que no le importan los sentimientos, pero la verdad es que no es lo que quiero. Quiero tener la esperanza de que algún día alguien me va a elegir a mí, a pesar de todo, a pesar de mí y que tendré algo exclusivo para mí.

Respiró profundo y finalizó diciendo:

— Ya creo que es todo lo que necesitaba sacar, doctora.

— Querida Sara, creo que la mayoría de nosotros pasa por una relación tóxica en su vida. Cuando estamos en ese tipo de círculos viciosos se nos hace difícil salir sin ninguna lesión emocional. Por la idea de no sufrir más, preferimos mantenernos ahí y eso nos va matando día a día porque eso no es vivir, querida Sara. Siempre he dicho que cada uno ama a su manera. Todos tenemos una forma distinta de querer, pero también existen aquellos que no saben querer o que simplemente no nos quieren y cuando reconocemos que no nos quieren nos destruimos intentando ser queridos. Nos reducimos a ser seres necesitados, a ser víctimas, a pensar que no somos suficiente y se nos hace más fácil fingir que todo eso está bien a tener que enfrentarlo. ¿Has visualizado cómo serían las cosas si intentas ponerte a ti por encima de los demás?

— Posiblemente sería yo la que necesite alegría y positivismo de los demás y no al revés, sería yo la que necesite ser animada... –respondió con una expresión reflexiva

— ¿Y crees que está mal ser tú quien necesite ese apoyo?

— Supongo que no estoy acostumbrada, no quiero ser alguien difícil de querer.

— No te hace difícil de querer, te hacer ser humana.

— Hay días en los que no me gusta quien soy, días en los que el amor propio se disminuye y si eso me pasa a mí conmigo misma, no puedo esperar menos de los demás.

— Todos tenemos ese tipo de días, es completamente normal, lo anormal es que suceda todos los días. Los seres humanos no somos seres de emociones constantes. Nuestras emociones no pueden ser como una línea recta todo el tiempo, eso es imposible. Nuestras emociones son muchas líneas que un día suben, otro día bajan y así se mantienen en un movimiento constante y eso nos hace imperfectamente humanos.

— Sabes, una de mis frases favoritas de la gran Frida Kahlo es la que dice "Enamórate de ti, de la vida, y luego de quien tú quieras" y trato de hacerlo en ese mismo orden, porque en este caso el orden de como aplicamos esa frase puede afectar nuestro resultado. Cuando se trata de amarnos a nosotros mismos, debemos ser egoístas. ¿Sabes por qué? – preguntó la doctora.

— Bueno, me imagino que si yo no me quiero no me querrán los demás – respondió Sara, algo confundida.

— Eso es lo primero, lo segundo es porque la persona con la que vas a pasar todos los días de tu vida, las 24 horas del día, eres tú misma. Entonces, cómo vas a vivir la vida entera con alguien que no aprecias.

— ¡Uff! Cierto, convivir con alguien que no quieres, es horrible. – Dice Sara

— Exactamente, entiendo que el primer paso es elegirte, atreverte a decir lo que sientes. – Indica la Dra.

— Sabiendo que perderé a varias personas de mi círculo – dijo Sara con desánimo.

— Las personas que te aman genuinamente te van a aceptar a pesar de todo, nada pierdes intentándolo.

— ¿Desde hoy?

— Desde hoy, desde mañana, desde que tú lo decidas, no puedo asignarles fecha a tus decisiones, eres tú quien decide.

— Quizás empiece desde hoy, diciéndole a ese hombre, ese hombre que tanto me duele querer, le diré lo que siento y aunque que me pasaré días enteros llorando, es lo más sensato que puedo hacer por mí. Empezaré por ahí a ver qué pasa. Me volverá a ver pronto por aquí, hay otros puntos en los que necesitaré que me escuche – dijo mientras se preparaba para salir del consultorio.

Después de dos extensas sesiones, la doctora salió del Centro Psicológico necesitada de un descanso y de no pensar en nada hasta el día siguiente. Llegó a su casa, tomó un buen baño, una buena cena, un relajante muscular y a la cama. Al otro día tenía a su último paciente de esa semana y no quería estar muy cargada mentalmente.

Al día siguiente, su asistente le envió un mensaje dejándole saber que por una emergencia familiar no podría ir al consultorio. Esto significaba que tendría que llegar más temprano para organizar las actividades del día. Al llegar al consultorio dejó su puerta abierta de modo que si alguien llegara ella pudiese notarlo. Mientras trabajaba en sus notas, escuchó a alguien tocar la puerta y levantó la cabeza.

AMANDA

— Buenas tardes, ¿es usted la doctora Luna? No vi a nadie delante y decidí entrar – dijo la desconocida joven.

— Sí, joven, soy yo. Para servirle. ¿Es usted mi paciente de hoy, la Srta. Amanda Soliz?

— Sí, soy yo – dijo la joven aún parada en la puerta.

— ¡Perfecto! Pase adelante y cierre la puerta por favor, póngase cómoda. – Indico la Dra.

Amanda puso su cartera sobre una de las sillas del consultorio y procedió a recostarse en el diván.

— Cuéntame, Amanda, qué te trae a este lugar. ¿Cómo puedo ayudarte?

— Debo confesar que lo hace más fácil el hecho de que usted sea joven, doctora. Siento que quizás pueda entenderme mejor.

— Es bueno saberlo, Amanda. Adelante, explícame en qué quieres que te entienda.

— ¡Bien! Escuche, doctora. Yo tengo la vida estable que muchas mujeres a mi edad quisieran tener. A mis 28 años, soy licenciada en Administración de Empresas, tengo una buena posición en un banco importante del país, soy el orgullo de mis padres. Tengo una relación estable con un hombre extraordinario desde que éramos adolescentes. Tengo unos amigos increíbles con los que intento ser siempre solidaria y estar para ellos, dicen admirarme porque soy muy centrada y bien portada. Para mi círculo social ya estoy completando "la lista de la vida" ya sabe, esa donde está estudiar, trabajar, un carro, casarse, hijos, etc... Porque según ellos toda mujer debe formar una familia.

— Sé que sonará totalmente descabellado lo que voy a decir, pero ¡necesito un descanso de tanta tranquilidad y perfección! Qué pasa si a mi edad me interesa probar cosas que quizás debí hacer antes, porque "ya no estoy en edad de juegos". Quiero variar, quiero algo nuevo, quiero algo distinto, quiero sentir un poco de libertad, quiero pecar, doctora, si así es que se le puede llamar. Quiero salir a fiestas solo con mis amigas y acostarme con algún desconocido, solo por puro placer y sin involucrar sentimientos, sin tener que darle explicaciones a nadie de lo que hago o porqué lo hago. Salir de casa un viernes y regresar un lunes, llegar con resaca al trabajo después de pasar un finde increíblemente loco, ¡Quiero sentirme libre! Sin pensar en nadie más que en mí. Este sentimiento me hace sentir horrible porque no quiero herir a nadie. Amo a mi novio, estoy agradecida con mi familia y mis amigos por todo, pero, necesito un break. Toda mi vida he hecho lo que "debía hacer". Nunca salía de fiestas, no tomaba alcohol, nunca he besado a otro hombre que no sea mi novio, solo estudié y estudié. Quizás por no hacerlo en ese entonces es que tengo este deseo absurdo de hacerlo ahora, no entiendo ¿Por qué no me pasó antes? Cómo le explico esto a mi familia, a mi pareja, a mis amigos, que la intachable Amanda quiere "portarse mal". No entenderían que esto no quiere decir que no aprecio la vida que tengo, pero que necesito un respiro. Lo van a ver como que, si odiara a mi novio, como si culpara a mis padres de ser muy rectos o a mis amigos de alabarme demás y no es así. Estoy agradecida con la vida por las cosas que tengo, amo a mi familia, a mi novio y a mis amigos, pero necesito un descanso de esa vida, para volver a vivirla con más ganas.

— Bien, Amanda, hasta ahora no he escuchado nada descabellado. Como anticipaste antes de decirme lo que deseabas, ese sentimiento que tienes es más normal de lo que imaginas. Muchas veces nos dejamos presionar por la sociedad y sus límites de tiempo dividido en etapas. Dicen que todo tiene una etapa y que lo correcto es hacer cada cosa en su momento, hasta cierto punto me parece razonable hasta que atenta contra nuestros propios deseos, reprimiéndonos, dejando de hacer cosas porque "no estamos en edad".

— Exacto, siento que no estoy en edad y todos me dirán lo mismo, pero es que esta monotonía me está matando – exclamó Amanda con preocupación.

— La monotonía puede llegar a convertirse en un cáncer que consume nuestra vida. Todos llegamos a un punto de nuestra vida en donde necesitamos un break, un cambio, conocer algo diferente a lo acostumbrado.

— ¿Existe un rango de edad para este "break"? ¿Durante cuáles edades es más probable este sentimiento?

— Para esto no hay edad específica, puede ocurrir en cualquier momento, no importa si tienes 18, 20, 26 o 34 años. Eso sucede cuando nuestra alma y nuestro cuerpo lo piden. La libertad es uno de los placeres más increíbles que existe. Sentirse libre es algo invaluable y todos tenemos el derecho de sentirlo sin ser oprimidos por nada ni nadie.

— Ya me imagino la ola de opiniones que tendré que enfrentar, todos los señalamientos que tendré que aguantar.

— Existirán personas que te juzgarán si decides tomar ese break que quieres, pero a ver ¿Qué crees que sea más fácil juzgar o ponerse en el lugar del otro?

— Siempre juzgar doctora, siempre será más fácil juzgar. – Dice Amanda

— ¿Y te parece justo prestar atención a esos que, sin saberlo, siempre toman el camino fácil?

— No, para nada. Hay quienes se atreven a decir que nunca han tenido este tipo de necesidad, refugiándose en moralidades absurdas, cuando todos sabemos que sus pensamientos son otros, en fin... la hipocresía.

— La hipocresía muchas veces podría ser utilizada como un mecanismo de defensa que nos puede encerrar en una realidad utópica ¿Sabes en qué momento serás libre? – preguntó la doctora mirándola a los ojos.

— ¿Cuándo? – preguntó Amanda confundida.

— Cuando tengas las ganas de serlo, tan simple como eso. Siempre vamos a cometer errores, siendo libres o no, es inevitable. Somos humanos, seres imperfectos y no tenemos un manual que nos indique cómo vivir de la forma correcta, por lo que no nos debemos sentir culpables si nos equivocamos mientras intentamos estar bien con nosotros mismos. Sara ya eres libre, solo que no lo sabes, disfrútalo porque de esta vida no salimos vivos – bromeó la doctora.

— ¡Ja! Está difícil mi situación: ser libre cuando tenga ganas de serlo. Ahora mismo tengo ganas, pero me falta un poco de coraje para enfrentar lo que eso conlleva. Y no sé de dónde voy a sacar el valor, pero, con su acompañamiento lo lograré. Nos volveremos a ver, doctora. ¡Que pase lindo resto del día! –se despidió Sara.

Luna aprovechó el resto del día para seguir trabajando en su proyecto, ya que el día anterior no
había hecho nada.

En un abrir y cerrar de ojos el fin de semana había
terminado. Ya era lunes y se encontraba en su
escritorio, en la espera de su próximo paciente,
cuando de repente suena el intercomunicador
con la voz de Katy:

— Doctora Luna, ya está aquí el joven
Figueroa.

— Hazlo pasar Katy y gracias.

ANDRÉS

— Buenas tardes, Dra. Luna. Soy Andrés Figueroa, para servirle –se presenta Andrés con cara de coqueteo

— Buenas tardes. Andrés. Ahora la que te servirá soy yo– bromeó –pero valoro el ofrecimiento.

— Disculpe tiene usted razón, es la costumbre. – Dice Andrés

— ¡Descuida! Es bueno querer servir a los demás, pero ya cuéntame, con qué no estás cómodo.

— Bueno, doctora. quizás mi problema es que estoy muy cómodo con cosas que ya no debería.

— ¿Y eso que sería? Háblame de Andrés y sus comodidades – lo anima.

— Póngase cómoda, doctora, porque yo ya lo hice – dice Andrés siguiendo el aire de broma, mientras se acomodaba en el diván.

— A mis 27 años de edad no tengo una carrera porque desde que terminé el colegio empecé a trabajar y a realizar algunos cursos técnicos. Es que yo soy un tipo más de hacer que de estar leyendo y estudiando. Actualmente, no puedo quejarme de mis ingresos financieros; vengo de una buena familia. Soy el menor de mis hermanos, tengo amigos que un día no me daría para contárselos porque yo siempre estoy metido en alguna actividad, pero eso sí, mejores amigos solo dos. El tema de las mujeres, ni se diga, soy terrible no le voy a mentir. Gracias a Dios la mayoría de las féminas me encuentran atractivo y utilizo eso a mi favor, y les digo lo que ellas quieres escuchar. – dijo con cara de coqueto empedernido.

— ¿Cómo qué? – preguntó la doctora.

— Ya sabe, doctora, cuando una mujer se arregla es para que aprecien su belleza y les digan los bellas que son, que admiren su trabajo, que se fijen en los detalles como por ejemplo un tintado de pelo diferente. A las mujeres hay que tratarlas bien, doctora, eso lo tengo claro. Mi problema es que las quiero tratar bien a todas a la vez y puede que eso les haga daño, porque estoy en la búsqueda de una mujer que me llene, que pueda saciar mi cuerpo y mi alma.

— Yo sé que estoy joven y quizás por eso es normal, vivir mi vida dejándome llevar por mis instintos dándole al cuerpo lo que pide porque la vida es corta y hay que vivirla. Yo solo trato de disfrutar esos momentos mientras encuentro lo que busco.

— El problema es que todos me dicen que debo centrarme, que ya no estoy en edad de andar saltando de cama en cama sin tener responsabilidad. Pero, esas mismas personas son las que cuando era un adolescente me celebraran el hecho de tener más de una novia. Entonces, yo me pregunto: ¿Antes estaba bien, pero ahora no? ¿Cómo algo puede pasar de ser bueno a ser malo? El problema de que ellos me lo celebraran y permitieran mi libertinaje adolescente es que me quede con esa idea, con ese gusto. Soy un hombre fanático del placer, al que no le interesa controlar sus instintos, la verdad ni siquiera creo que pueda hacerlo. Puedo estar con una sola por un tiempo, pero siempre termino queriendo más y busco otras más. A las demás personas se les hace difícil entenderme. Me juzgan de rompecorazones. Yo no quiero romperle el corazón a nadie; yo solo quiero darles placer y dármelo a mí ¿Qué hay de malo en eso? Por culpa de sus juicios tengo que vivir en una lucha interna entre lo que me gusta y lo que debo hacer. Por sus juicios he intentado tener relaciones serias a pesar de no estar preparado para eso. Yo solo quiero seguir disfrutando el placer de la seducción a las mujeres, quiero serle leal solo a mis ganas. No crea que quiero herir a la gente, para nada, no quisiera tener que lidiar con sentimientos de nadie.

— Ya he perdido la cuenta en mi número de intentos por ser ese hombre que los demás quieren que sea. Según todos me dicen, un hombre de mi edad ya debe estar establecido en todo el sentido de la palabra, o al menos en un buen camino para lograrlo, con una "buena mujer", con un plan de vida familiar.

— A veces no entiendo por qué hay mujeres que insisten en tener una relación seria conmigo, cuando es evidente que no es lo que busco. Es hasta cómico la forma en que algunas mujeres se esfuerzan en verse bien y me coquetean para llamar mi atención, cuando lo único que quiero es probar su cuerpo a ver si me llena y si no pues seguir mi camino. He llegado a sentir culpa por no enamorarme, pero no es algo que pueda controlar, ni forzar. Soy así, soy de todas y de ninguna a la vez. Es fácil decir lo que quieren escuchar para que me muestren lo que quiero ver, pero no me pueden culpar porque ellas quieren más de lo que puedo ofrecerles. Yo no miento, mis acciones gritan lo que soy, pero todos están muy ocupados viendo lo que quieren que sea y no lo que soy. Si me escucharan en vez de presionarme y juzgarme, quizás nadie sufriera, ni ellas por quererme, ni yo por no poder quererlas.

— Entiendo – alcanza a decir la doctora Luna, en tono suave.

— ¿Qué entiende, Dra.?

— Entiendo que no eres perfecto y está bien. Entiendo que este mundo, es mundo precisamente por toda la diversidad que habita en él, y eso nos incluye a nosotros los seres humanos, somos la raza más diversa a nivel de personalidades. Somos seres imperfectos, diferentes el uno del otro y debemos aceptar la forma de ser de cada quien, así no estemos de acuerdo según nuestro propio juicio. Entiendo que a veces tendemos a juzgar los pecados de otros, solo porque pecan de una forma diferente a nosotros. En muchos casos los hombres crecen siendo juzgados por la sociedad solo por el hecho de ser hombres y que tienen ciertos comportamientos impropios a los ojos de los demás porque está en su ADN. Entonces, mientras crecen a "los machos" se les celebran los amoríos a muy temprana edad, cuando tienen varias noviecitas los hacen sentir como campeones y con el tiempo se convierte en un hombre que vive instintivamente, que solo le importa saciar sus deseos.

— Andrés, tú solo eres un hombre que sigue su instinto, entendiendo que no eres un animal y que también puedes razonar, a veces podemos darnos el lujo de seguir nuestro instinto siempre y cuando no lastimemos a nadie, porque no tenemos derecho a ilusionar a alguien que sabemos que nos quiere de verdad, cuando solo queremos saciar nuestras ganas. Ahora mismo, ante los ojos de los demás no estás en edad para andar de picaflor, ¿Crees que tienen razón, que ya no es tu momento?

— No estoy preparado y viéndolo así, entiendo que soy el único que puede tomar la decisión de amar a una sola mujer sin presiones, pero no quiero que pase cuando ya sea muy tarde – confiesa Andrés.

— Como tú has dicho, eres el único capaz de tomar esa decisión, el amor no siempre tiene que llegar por "un flechazo" también es algo que puede construirse poco a poco, así tengas 40 años cuando eso pase.

— Espero que no sea tanto tiempo – interrumpió Andrés.

— Ya eso no depende de nosotros, las cosas suceden cuando suceden, muchas veces sin previo aviso. No deberíamos permitir que los juicios de los demás controlen nuestra mente, porque eso solo empeorará todo. Presionarnos para ser alguien que no somos, nunca será una buena idea. ¿No crees que, si aprendes a aceptarte y a respetar que eres diferente, te ahorrarías las mentiras y los corazones rotos?

— Bueno sí, así podría hacer mi búsqueda en paz y con el consentimiento de la que quiera estar conmigo tal como soy– respondió Andrés.

— Exactamente – respondió la doctora mientras cerraba su laptop.

— Ha sido un dinero bien invertido. Venir hasta aquí me ha dado una sensación de paz que necesitaba, al menos en este momento. Prometo volver para seguir trabajando en mi propia aceptación. Hasta luego, doctora Luna.

Así, Andrés salió del consultorio de la doctora Luna. Momento después, entró Katy a la oficina para organizar las citas de los días siguientes.

— La cita de mañana es prácticamente a la hora de cierre. Este paciente pidió que sea a la hora donde haya menos recurrencia de personas en el instituto. Por eso lo puse a esa hora, espero no haya problema – dijo con cara de circunstancia.

— Entiendo que hay pacientes que no quieren ser vistos aquí. Les da vergüenza que los demás sepan que van al psicólogo porque creen en su ignorancia, que venir al psicólogo es sinónimo de locura. Así que tranquila, Katy, no hay problema con eso. Mañana puedes venir más tarde, solo tendremos esa cita.

Con eso terminó la doctora para luego recoger sus pertenencias y marcharse a su hogar.

Al día siguiente casi a la hora acordada, llegó el paciente, un joven con chaqueta y una gorra que casi le cubría toda la cara.

MOISÉS

— ¿Es aquí el consultorio de la doctora Luna?

— Buenas tardes, joven, si es aquí, yo soy su asistente ¿Cuál es su nombre?

— Disculpe, Srta. Buenas tardes, estoy algo nervioso porque es mi primera vez. Mi nombre es Moisés de la Cruz.

— No se preocupe joven, su actitud es completamente normal. – dijo queriendo tranquilizarlo.

Luego lo hizo pasar al consultorio.

— Buenas tardes, señor de la Cruz.

— Buenas tardes, doctora. La verdad no sé cómo funciona esto, ni qué debo hacer. Disculpe mi ignorancia – dice Moisés, con mucha timidez.

— No tengo nada que disculparte. Es normal que en tu primera vez que no sepas como actuar. Puedes empezar por ponerte cómodo, si gustas recostarte en el diván.

— Sí, creo que estaría bien recostarme, ¿le puedo pedir un poco de agua, por favor?

— Desde luego que sí.

Abrió su pequeña nevera que tenía en una esquina de su consultorio y sacó una botella de agua, luego se la pasó a Moisés y procedió a sentarse en su silla.

— Hablemos de lo que quieras, Moisés, ya sea de ti o de alguna situación en especial que quieras comentar – le animó la doctora.

— ¿No me hará preguntas o algo así? – preguntó algo desorientado.

— No suelo hacer preguntas al inicio. Me gusta que mis pacientes sean libres de hablar de lo que quieran hablar sin seguir ningún protocolo ni guion.

— Pues supongo que empezaré por el principio. Soy Moisés de la Cruz, como usted ya sabe, tengo 28 años de edad, graduado de contabilidad y, gracias a Dios, es lo que trabajo actualmente. Soy el único hijo de dos personas seguidoras de una religión y bastante convencionales. Tengo muchos amigos, la verdad, bastantes amigos, me gusta estar para ellos siempre y ser lo más solidario posible, pues es como me gustaría que también estén para mí. Hay ocasiones en las que creo que me preocupo demasiado por los demás al punto de que llego a sufrir por eso. Siempre estoy velando por el bienestar de los demás y me olvido del mío propio, haciéndome infeliz, pero ver a mis padres contentos, ver la buena relación con mis amigos, me impide pensar en mí antes que en ellos.

— Siento que mi vida está diseñada para ser vivida "correctamente" según la sociedad, pero la verdad es que quizás no soy tan correcto, porque les miento a todos, tengo dos mundos. Me acostumbré a separar lo que debo hacer de lo que quiero hacer y lo convertí en dos mundos, pero ya estoy cansado de manejar dos vidas. Solo quiero una. Mi primer mundo es el que la sociedad aprueba, en donde el solidario Moisés solo vela por el bienestar de los demás, y no le voy a negar que no es que no me agrade. Muchas veces me siento amado, aceptado y respetado sin tantas complicaciones. Supongo que por ser igual que los demás, o al menos eso es lo que ellos creen, por eso me avergüenzo del placer que puedo sentir por cosas que ante la sociedad no son correctas a esta altura de mi vida. Sé que muchos lo han sospechado porque a veces no puedo controlar algunas emociones que revelan mi amaneramiento, pero para ellos también es más fácil hacerse de la vista gorda, es menos complicado que enfrentar la realidad que me esfuerzo en ocultar. Mi segundo mundo, es mi mundo secreto que tanto anhelo que sea público, donde me siento completamente libre para expresarme, ser yo mismo, sentir ese placer prohibido, pero que me llena tanto el alma, donde no me permito sentir remordimientos por amar a una persona de mí mismo sexo, sin ser juzgado, donde mis otros amigos tienen la misma preferencia sexual que yo y esto lo hace más fácil todo.

— Tengo días sumido en una tristeza que ya no sé cómo manejar. Triste de muchas veces sentir vergüenza de mí mismo; triste cuando en mi trabajo hacen chistes homo-fóbicos y no me den gracia, aunque sé que son sin mala intención; triste porque siento que le estoy fallando a mis padres que son tan religiosos, por eso siempre intenté ser el mejor en todo, darle siempre buenas noticias y evitarles disgustos. Por otro lado, también me pregunto: ¿Qué pensarán en mi trabajo? ¿Me dejarán de respetar? Quizás ya no me verán cómo alguien capaz. Qué van a decir mis amigas y amigos de mi mentira, de que ya siendo un viejo ando escondiendo lo que soy porque quizás mucha gente dirá que ya no es edad para eso, que debí hacerlo antes, que ya mi currículo de vida es perfecto y esto sería una mancha en él. ¡Qué triste es tener que dividir mi mundo en dos para poder sentirme vivo! Quisiera que mis dos mundos pudieran ser solo uno, pero esta sociedad me hizo cobarde. Sí, cobarde. No me atrevo por miedo a perder todo lo que con esfuerzo he logrado y que mis seres queridos me dejen de ver con ojos de amor. A veces, creo que nunca me atreveré, pero sí quiero hacerlo. Hay una parte de mí que crece cada día más y que está llena de valor y aunque la sociedad me crucifique por no ser lo que debería ser, un día despertare y seré lo que quiero sin remordimientos. Creo que eso es todo lo que quería decirle hoy, doctora.

— ¿Estás seguro? – Pregunta la Dra. atentamente

— Sí, ya no tengo nada más que decir. – Dice Moisés

— Moisés, debes estar claro en una cosa: es tu vida y tú eres el que decide qué hacer con ella, yo puedo darte mi opinión respecto a lo que acabo de escuchar, pero tú debes tomar esa decisión que te hará libre.

— La verdad es que en esta sociedad la homosexualidad no está ligada a una religión, ni con lo tradicional, ni con nada que deba ser aceptado a la ligera. Cuando se piensa en un homosexual, lo primero que nos puede llegar a la cabeza son los prejuicios sociales. Me ha pasado a mí y te pasa a ti, por esta razón te avergüenzas de serlo. Entendemos que por el hecho de ser homosexuales deben ser personas extrovertidas, eufóricas, en su esfuerzo de querer ser mujer y que todo su mundo gira en torno a su sexualidad. Sin embargo, a lo largo de la historia hemos tenido importantes figuras homosexuales que realizaron grandes aportes a la humanidad y que invalidan por completo la teoría anterior, figuras como: Sócrates, Platón, Leonardo

Da Vinci, Shakespeare, Isaac Newton, entre otros más que un día no me bastaría para nombrarlos a todos.

— Una vez en una biblioteca virtual para jóvenes de España, leí una frase dicha por Simone de Beauvoir, una filósofa francesa, que nunca olvidaré. Decía "En sí, la homosexualidad está tan limitada como la heterosexualidad: lo ideal sería ser capaz de amar a una mujer o a un hombre, a cualquier ser humano, sin sentir miedo, inhibición u obligación" [2] ¿Qué opinas sobre eso?

— Esa frase hace mucho sentido, pero no creo que los demás estén preparados para ese tipo de conversación. ¿A usted qué le parece esa frase doctora? – preguntó Moisés

— Nunca estuve tan de acuerdo con una frase como esta hasta este momento. Yo soy fiel creyente de que más allá de nuestra orientación sexual, la esencia del ser humano está en la forma en que amamos a nuestro prójimo. Tenemos infinitas formas de amar y a su vez debemos ser capaces de demostrar amor de infinitas maneras, desde lo igual a lo diverso, desde lo fácil a lo complicado, desde lo que entendemos a lo que no podemos comprender, desde lo placentero a lo doloroso, desde lo individual a lo colectivo,

---

2   http://archivo.juventudes.org/simone-de-beauvoir-0

desde lo espiritual a lo físico, pero sobre todo desde el respeto y la aceptación.

— Vivir oprimidos es morir mientras respiramos, para que nos acepten no debemos pensar igual que los demás, mucho menos sentir igual. En la vida seremos cuestionados y juzgados más veces de lo que desearíamos porque no todos pueden comprender lo que somos y es totalmente normal, es parte de convivir con los demás, no puedes controlar eso. Eres responsable de cómo te sientes tú, de cómo reaccionas ante las circunstancias, sean buenas o malas, no de lo que pueden pensar o sentir los demás. No existe un sendero que te lleve a la verdad, la verdad debe ser tu sendero. Debes ser sincero contigo y con las personas que te aman, siempre, eso no se discute. Tu familia te amará por sobre todas las cosas y quien te juzgue o te condene por decir la verdad, entonces no merece estar en tu corazón.

— Está usted en lo cierto, doctora. La verdad debería de ser mi sendero, sus palabras tocaron mi alma y no le diré que milagrosamente me llené de coraje para ser yo mismo ante todos, pero si siento que alimentó ese valor que se viene cosechando desde hace un tiempo– dijo mientras se preparaba para irse.

— Ha sido un placer conocer quien en verdad eres Moisés. Espero escuchar de ti pronto.

— ¡Gracias totales, doctora! ¡Que tenga buenas noches! – dijo para despedirse mientras salía del consultorio.

— Gracias a ti, Moisés. Una última cosa, recuerda que, para decir tu verdad, elige vivir la vida un día a la vez.

Con esas palabras esa consulta fue finalizada. Pasada la consulta, Luna no pudo evitar sentirse conmovida por la situación de Moisés. Un joven tan tímido y reprimido en un mundo tan voraz como puede llegar a ser este mundo en el que vivimos. Fue uno de los temas en los que más abundó en su proyecto. Se pasó toda la noche trabajando en eso, hasta el día siguiente.

— Buenas tardes, Katy ¿Cómo estás? – pregunta la doctora, mientras hacía entrada al consultorio.

— Hola, doctora. ¡Estoy bien! ¿Y usted? – dijo muy animada.

— ¡Qué bueno verte animada! Estoy bien, lista para las consultas de hoy. Hoy tenemos mucho trabajo, creo que es la primera vez que tengo tres citas juntas. Debemos manejar bien los tiempos.

— Desde luego doctora, pero tranquila que todo saldrá bien. Las citas tienen una hora de por medio, no creo que nos generen problemas de tiempo.

— ¡Perfecto! Estaré trabajando en mi proyecto. Me dejas saber cuando llegue la primera
chica – dijo y entró a su consultorio.

MILAGROS

— Un rato después entra al consultorio, una joven con cara triste, bastante afligida.

— ¡Hola, doctora! Mi nombre es Milagros Báez. Conmigo se puede ahorrar los formalismos. La verdad es que estoy aquí porque siento que esta situación me está ahogando y necesito dejarla salir. ¿Me puedo recostar aquí? -pregunta mientras se acomoda en el diván.

— No hay problemas, Milagros. Esto lo haremos como tú quieras.

— ¡Oh, doctora! Siento que mi mundo se me derrumba. Tan solo tengo 25 años, no tengo una carrera universitaria, pero a pesar de eso trabajo duro para colaborar en mi casa, sumándole a eso que soy la mayor de tres hermanas y debo ayudar a mis padres que ya están mayores. Mis padres son muy religiosos y se toman muy en serio todo lo que tenga que ver con su religión. Bueno, esa es prácticamente su vida. Tengo alrededor de tres años con mi novio. Se puede decir que somos una relación estable. Creo que hasta hoy ya no sé qué pasará. No soy muy simpática y debido a esto mi círculo de amigos no es muy grande que digamos. Hasta ahora todo está bien, el problema viene ahora.

Toma un fuerte respiro, cierra los ojos, agacha la cabeza para que no vea que está a punto de llorar. Sube la cabeza y continúa

— - ¡Estoy embarazada! Es la primera vez que lo digo en voz alta. ¿Qué van a pensar los demás de mí cuando se enteren? O sea, mi vida no era perfecta, pero entiendo que tenía todo bajo control. Todo iba a su ritmo, sin prisa, sin grandes ataduras, sabiendo que tengo la responsabilidad de ser un ejemplo para mis hermanas, pero entonces pasa esto, todo se reduce a formar parte de un 2% de un fallo químico. ¿Sabía usted que las pastillas anticonceptivas solo son efectivas en un 98%? Bueno yo no, yo reciente me entero de ese pequeño margen de error del cual ahora formo parte. No sé, no sé... ¿y ahora qué hago? ¿Cómo se lo digo a mi familia? ¿Qué pasara con mi futuro? ¡Me arruiné la vida! ¿Qué dirá la gente? ¿Y... si no lo tengo? Pero, ¿Y si luego no puedo tener más hijos? ¿De verdad quiero que mi novio sea mi compañero de vida por siempre? Tengo esa sensación de estar muriendo mientras estoy aquí, respirando. Siento una ansiedad horrible, no puedo evitar llorar todo el tiempo, estoy viendo a todos mis planes de vida desvanecerse frente a mis ojos. Saber que debo enfrentarme a una sociedad tan inconforme, saber que ya no seré ni siquiera medianamente un buen ejemplo para mis hermanas... ¿Por qué a mí? ¿Por qué entre tantas mujeres que sí desean tener hijos, me tuvo que pasar a mí?

— Tengo en mi cabeza todos los juicios que lanzaran sobre mí. Cosas como: "ya a tu edad debes ser más responsable con lo que haces" "Cómo dejaste que te pasara" "ya no eres una adolescente para este tipo de errores" pero también dirán "eres muy joven, no estás preparada para casarte y formar una familia" "pudiste evitarlo" "debiste saber que muchacho no asegura a un hombre" "ya se te complicó la vida" "ya tu cuerpo no será igual". Entre otras cosas que prefiero no mencionar. En fin, mi mundo se derrumbó...

Y ya no pudo hablar más, Milagros empezó a llorar, no pudo detenerse. Después de unos minutos, paró de llorar y miro a la doctora en espera de algunas palabras de aliento.

— ¿Y de verdad crees que no existe al menos un poquito de esperanza, que ya todo esté acabado?

— Pues no sé, veo todo tan complicado, tan difícil...–Confesó Milagros

— ¿Qué entiendes tú por la palabra "Milagros"?

— Bueno Dra. un milagro es como cuando algo increíblemente bueno pasa, usted sabe algo como, como...–Milagros se queda pensando

— ¿Algo como dar vida? – continuó la doctora.

— Milagros quedándose sin palabras, solo alcanzó a bajar la cabeza

— ¿Te han dicho tus padres porqué te pusieron ese nombre?

— Pues porque mi madre tuvo que someterse a procesos médicos para poder salir embarazada, al inicio fue difícil, pensaron que no iban a poder tener hijos y pues cuando nací yo, fue como un milagro para ellos, aunque luego llegaron mis hermanitas.

— Tu familia es un gran ejemplo de no perder la esperanza, ¿No crees?

— Así es...

— El hecho de que estés aquí en mi consultorio, hablando sobre el tema, dice más de lo que imaginas, si estás aquí, es por algo. ¿Qué te hizo venir?

— El miedo, la indecisión, el no tener la suficiente determinación para interrumpir este embarazo. – le contestó Milagros apenada

— Creo que es evidente que lo quieres tener porque estás aquí y no abortando. Dar vida es lo más maravilloso que una mujer puede experimentar, claro, teniendo en cuenta que es tu decisión el tenerlo o no, nadie puede decirte qué hacer respecto a eso. – Dice la Dra.

— ¿Sabe doctora? me ha hecho recordar todos los retos que tuvieron que enfrentar mis padres para tenerme a mí y a mis hermanas, no creo que tenga el corazón ni la valentía de impedir algo que se me dio fácil por alguna razón, cuando hay tantas mujeres que no pueden tenerlo por su propia cuenta. Pero por otro lado siento tanta presión, tantos sacrificios... – continuó Milagros sincerando su sentir con la doctora.

— Para toda madre lo único que importa es el bienestar de ese ser humano que se va formando. Todo lo demás pasa a ser irrelevante, qué importa si tu cuerpo cambia, qué importa si no estás segura de querer casarte o no, no tienes que casarte si no quieres, ¿Acaso requieres tener una "familia perfecta" ante los demás, pasando por encima de tu propia felicidad?

— No, no sería justo – responde en un hilo de voz.

— ¡Exacto! No sería justo ni para ti, ni para esa vida que viene en camino. Créeme que ya he visto suficientes matrimonios infelices en este mundo, no se necesita uno más. Tengo una amiga que siempre me ha hablado del "check list" de la sociedad, en que aparentemente todos debemos cumplirlos en una especie de orden estipulado, según ellos. Debemos seguirlo paso a paso sin saltar ninguno, porque si te saltas alguno de esos pasos, "fallaste como ser humano". Puede sonar absurdo, pero es así y a veces nos dejamos presionar por ese "check list". ¿Crees que deberías sentirte presionada por una "lista de cosas por hacer" que ni siquiera hiciste tú?

— No, pero aun así lo hago, creo que en ocasiones es inevitable no sentir presión por la sociedad, como en este caso la estoy sintiendo. – Confiesa Milagros

La doctora toma un sorbo de agua y continúa.

— - Toda esa presión que sientes es normal, sentir que el mundo se acabo es normal, pero, la verdad es que apenas está empezando para ti. Todo eso que estás sintiendo ahora se convertirá en un mal recuerdo porque el amor que desde ya le tienes a esa criatura es el más puro que podemos sentir los humanos y se estarás dispuesta a todo por su bienestar, de una manera surreal, pero maravillosa. He conocido muchas mujeres en tu posición, presionadas por la falta de empatía que reina en esta sociedad.

— Aristóteles decía que no podíamos ser empáticos por naturaleza, que no sentimos la necesidad de ser empáticos porque el ser humano es un animal social–político, mas no un animal empático ya que no todos los seres humanos tienen esa cualidad. Puede que sea difícil de analizar, pero es real. A veces nos cuesta ponernos en el zapato de los demás y solo nos limitamos a criticar.

Eso es lo que pasará contigo, posiblemente algunos te criticarán. Te invito a ser empática, sí, empática y entender que ellos no desarrollaron esa virtud y en su ignorancia solo saben juzgar. A ver, recuerda un momento en tu vida en donde pensaste que no ibas a poder lograr algo, y al final pudiste.

— Pues, cuando estaba en busca de trabajo, yo pensé que era demasiado para mí y bueno como no tengo título universitario, en mi casa estábamos pasando por un mal momento económico, pensé que nunca lo lograría. Al final si pude encontrar un trabajo y contribuir en la casa.

— Entonces, piensa en aquellos momentos en los que sentiste que no ibas a ser capaz de lograr algo, pero lo hiciste, como este que me acabas de relatar y cuando sientas que esta situación te sobrepasa, vuelve a ese momento y recupera ese poder que está dentro de ti.

— Sería algo así como, por cada pensamiento malo, pensar algo bueno. Creo que ahora mismo lo estoy haciendo.

— No puedo asegurarte que será un camino fácil Milagros, pero la recompensa es invaluable.

— Voy a intentarlo, aunque se me vaya la vida en ello – dijo sintiendo un poco de esperanza en sus palabras.

— Espero llegar a conocer a tu bebé – dijo la doctora en tono relajado.

— ¡Dios mediante! ¡Que Dios la bendiga! Con esas palabras, se despidió de la doctora.

Una hora después suena el intercomunicador para anunciar la llegada de la próxima paciente.
Liza Ramos

LIZA

— Buenas tardes, doctora Luna – saluda Liza al entrar.

— Toma asiento, Liza, es un placer conocerte.

— El placer es mío, doctora, es para mí un honor. Soy admiradora de la psicología y de todos sus practicantes.

— Interesante saberlo, ¿Has pensado estudiarla?

— De pensarlo, sí, pero de atreverme es otra cosa.

— Apuesto a que solo necesitas un empujón. Cuéntame qué te trae por aquí – le dice mientras empieza a anotar en su laptop.

— Sentir que nací en el siglo equivocado, doctora– confiesa Liza

— ¿Cómo es eso posible?

— Le explico. Tengo 27 años, soy bioanalista, hija única de un matrimonio sólido y estricto regido por una religión bastante tradicional. Yo también soy creyente de la religión de mis padres, aunque mi círculo social no lo es. No soy el alma de ninguna fiesta, todo lo contrario, soy bastante tímida. Mis amigas dicen que es miedo de vivir porque nunca he tenido novio, sumándole mi gordura que es por genética ya que toda mi familia es así. Mi padre es un hombre de carácter fuerte y regido por tradiciones religiosas. Mi madre es una mujer sumisa, dulce y muy amorosa, debido a esto ya puede entender bajo que costumbres fui criada. Por eso, últimamente, me he sentido excluida en mi círculo social "tan moderno". Muchas de las veces en que nos reunimos y ellas hablan de cosas que no me han pasado, me siento como la ficha defectuosa de un rompecabezas donde todo encaja menos yo. Todo porque no siento esos deseos sexuales que hace rato debí tener. Todo porque a mi edad sigo siendo virgen y cuando sale el tema en alguna conversación solo es para hacer chistes sobre ello. Según ellas es "por mi bien", pero creo que nunca le encontraré el sentido. Entiendo que mi bien son las cosas que no me lastimen, pero sus comentarios como: "crees que tendrás hijos del espíritu santo" "dejarás que te coman los gusanos y no un hombre" "gorda, no sabes lo que te estás perdiendo" " la vida sin sexo es aburrida" "debes bajar de peso para que consigas novio" "maquíllate para que alguien te enamore en la calle" "te vas a morir sin saber lo que es bueno" "una mujer necesita un hombre" "te quedarás a vestir santos" "yo tú y se lo doy al primero que me lo pida" "estás muy vieja para ser virgen" y muchos más que no salen de mi cabeza. Sé que lo hacen de forma jocosa, quizás sin mala voluntad, pero la verdad es que me están destrozando mi autoestima. A veces he llegado a dudar de mis propios ideales, llorando en las noches por no ser como los demás. Quizás me he equivocado por nunca darle la oportunidad a alguien para ver si puedo llegar a sentir algo, pero es que a pesar de mi cuerpo o de que no me guste maquillarme, tengo la fe de que existe alguien para mí en algún lugar del mundo, alguien que con su amor me haga sentir lo que jamás he sentido, sin presiones, pero a eso la sociedad de hoy en día le llama "fantasía". Por eso, a veces pienso que no pertenezco a tanta modernidad. – dijo de forma tímida mientras miraba hacia el piso.

— ¡Oh, querida! Esto es como el famoso dicho sobre la piedra y el huevo, que dice algo así: "Si la piedra cae sobre el huevo, mala suerte para el huevo, y si el huevo cae sobre la piedra, mala suerte para el huevo". Pues en este caso tú eres el huevo y estás rodeada de personas que van arrojándote piedrecitas que pueden irte rompiendo poco a poco. Ellos en su ignorancia te lanzan las piedrecitas para despertarte, no dándose cuenta de que te están hiriendo. Las palabras siempre han tenido un poder infinito y muchos ignoran su gran poder y las hablan sin pensar en las consecuencias garrafales que estas pueden causar, por eso es tan importante pensar antes de hablar. ¿Sabes lo que pasa con tus amigas?

— Pues que ellas son liberales y de mente abierta y yo no Dra.

— Puede que ellas quieran ser liberales y open mind pero no saben cómo y, entonces, terminan siendo más convencionales que la palabra misma, llenos de una tradición impuesta por un mundo tóxico. La virginidad es algo delicado y personal, todos tenemos derecho de elegir cuándo, cómo y con quién perderla, sin dejarnos llevar por opiniones externas o ¿Alguna de tus amigas te preguntó o pidió permiso antes de dejar de ser virgen?

— No claro que no, como usted dice eso es algo personal, yo no podría decirle a nadie cuándo y cómo perderla.

— Estás en lo correcto. ¿Crees que existe un libro que nos diga una edad precisa para perder la virginidad, tener un novio, casarse, tener hijos, etc.?

— Yo entiendo que no existe tal cosa, pero la gente actúa como que si, como si todos debemos seguir los mismos pasos y al tiempo establecido.

— ¿Qué te llega a la cabeza cuando escuchas la palabra belleza?

— Estereotipos, forma exterior perfecta, algo por lo que muchos convierten lo natural en artificial.

— Así la vemos hoy en día, una palabra llena de complejos. La belleza de lo natural es perfecta, cada mujer es hermosa a su manera, sin necesidad de maquillaje o un cuerpo atlético. No existe un solo prototipo de belleza, hay miles y cada uno tiene sus propios admiradores, ¿no has llegado a pensar que le puedes gustar a más de uno así tal como eres?

— Sí, a veces fantaseo con eso. En mi mundo de fantasía, en donde soy más segura de mí misma e intento ser liberal como mis amigas.

— ¿Y qué entiendes tú por "una persona liberal"? – Pregunta la Dra.

— Usted sabe, ser más despierta, tener sexo sin compromiso, andar por la vida sin preocupaciones del qué dirán.

— Ser liberal no es tener sexo con desconocidos, hacer tríos, estar en relaciones abiertas, andar de fiesta en fiesta, sin juzgar a quien lo hace responsablemente, claro está, pero estas actividades no son sinónimo de ser liberal. Ser liberal es ser generoso, tolerante, indulgente; eso es ser liberal. Cuando criticamos a alguien que entendemos es muy conservador estamos siendo más conservadores que ellos mismos, porque no somos capaces de entender que en este mundo hay seres humanos diferentes, con pensamientos y actos totalmente diferentes a los nuestros, incluso pueden llegar a ser diferentes a todo un sistema. Así que Liza, ¿Qué tal si practicas el vivir a tu ritmo, siguiendo con tus propios principios y valores?

— Eso es lo que quiero–confesó Liza.

— Eso es lo que te define como ser humano, confía en que muy pronto llegará lo que quieres y analiza bien de quiénes te rodeas, a veces un cambio de círculo es una nueva oportunidad para ser nosotros mismos – terminó la doctora, se puso de pie y se tomó la libertad de darle un abrazo, pues la sintió tan dulce y necesitada de afecto por los demás.

— Gracias por tan hermosas y reconfortantes palabras, haremos una próxima consulta y espero traerle mejores noticias. Hasta luego–se despidió.

El último paciente de ese día llegó una hora después.

DANIELA

— Buenas noches, doctora. Mi nombre es Daniela Fernández – se introduce la joven, desde la puerta de la oficina.

— Buenas noches, Daniela. Pasa por favor y ponte cómoda donde gustes.

— Muchas gracias. Bueno, no sé por dónde empezar – dijo, dudosa.

— Qué tal si empezamos por el principio – le anima la doctora.

— Bueno, está bien. Tengo 25 años, estudio relaciones internacionales y gracias a mis padres y a sus relaciones, tengo un buen trabajo que me ayudará con mi carrera. Soy hija única, de un matrimonio de apariencia estable. Me considero muy extrovertida, mis amigos dicen que mi personalidad es explosiva porque donde llego me hago notar. La verdad tengo muchos amigos y amigas, por eso siempre tengo alguna actividad a la que asistir, puedo decir que no hay un solo fin de semana que me quede en casa, por esta razón, me mudé sola hace un tiempo, mis padres no aguantarían tanto libertinaje de mi parte. Mis amigas creen que, en materia de hombres, soy una experta, pero creo que soy todo lo contrario, solo aparento serlo.

Daniela, respira profundo, lanza un suspiro y continúa.

— Desde que tengo uso de razón he visto a mis padres ser infelices a puertas cerradas y aparentando ser felices delante de los demás. "Un matrimonio estable" ante la sociedad "digno de admirar", todo porque no saben lo que sé yo. Muchas veces veía a mi padre divertirse con otras mujeres, mientras mi madre lloraba en casa para luego hacer lo mismo con otros hombres. Escuchaba sus discusiones nocturnas todos los días, crecí creyendo que el matrimonio era eso, un sacrificio en el cual gana la costumbre y no importa que tan mal nos lleguemos a sentir. No creo en las relaciones, doctora, creo en disfrutar los momentos, en divertirme con mis amigos, no creo en los compromisos. Siento que es mejor cuando no los hay, todo es más fácil, pero esos pensamientos me han llevado a ser parte de un círculo en el que ya no sé si quiero estar. Me he acostumbrado a solo ser "la amante" de muchos, la que solo disfruta de los placeres y no de las responsabilidades.

— Pero, ya me estoy empezando a preguntar si en verdad es lo que soy. Si eso es lo que quiero para mí o si solo lo hago para llevarle la contraria a una sociedad que quiere imponer ser "novia de" antes que mujer. Los demás solo ven de mi lo que yo quiero mostrar, ellos ven que soy una mujer concentrada en su crecimiento laboral, sin pensar en hombres, pero eso no es del todo cierto. Sí me preocupa mi crecimiento laboral, por eso trabajo, por eso me esfuerzo estudiando, pero hay más que solo eso. Si dijera quien soy, me juzgarían, se avergonzarían de mí, no entenderían que no quiero ser como mi madre, solo vivir de apariencias siendo la novia de alguien que se burla de mí con otras, por eso prefiero ser esa "otra" que al menos sabe qué terreno está pisando. Mi intención no es hacerle daño a nadie, pero mis deseos carnales son más fuertes que yo la mayoría del tiempo. Las mujeres como yo ante esta sociedad llena de doble moral, somos denigradas. Nadie se preocupa por entender por qué o qué me llevó a ser como soy, es más fácil para ellos darse golpes de pecho y juzgar. Por eso, ante ellos finjo ser una mujer correcta que solo se concentra en su trabajo y sus estudios y evado cualquier tema que tenga que ver con hombres.

Daniela toma un sorbo de agua y continúa.

— Si algún día tengo que confesarme ante alguna iglesia, diría que mi pecado es la lujuria, sentir placer por lo prohibido, querer tener el control de mi misma, jugar con todos, usar antes de ser usada y con todo ese paquete de pecados no creo que alguien me pueda aceptar. Estoy consciente de que muchas cosas de las que hago no están bien, no por los demás, si no por mí misma. Cada domingo, después que paso un sábado de fiestas, tragos y sexo, me despierto sola sin nadie que me pregunte qué quiero de desayuno. Es inevitable no sentir nostalgia y por eso entiendo que puede que esté haciendo algo mal. Si estoy aquí es porque no tengo con quien desahogarme. Estoy rodeada de personas correctas y felices que no me entenderían, no entenderían la inseguridad que siento, ni a los vicios de mi cuerpo y todo lo que me cuesta creer que alguien puede llegar a ser leal conmigo.

— ¿Qué opina usted?

— Estas aquí porque necesitabas desahogarte, porque lo que callamos puede matarnos, pero de igual forma te puedo dar mi punto de vista respecto a lo que dijiste. Nuestra niñez influye mucho en nuestras necesidades emocionales como adultos, como niños absorbemos todo lo que está a nuestro alrededor y eso influye en nuestro comportamiento y se refleja de mil y una maneras en nuestra vida adulta. Tu comportamiento tiene mucho que ver con todo lo que te tocó absorber cuando eras solo una niña al crecer en ese ambiente de infidelidades y discusiones. Es algo en lo que podemos ir trabajando, poco a poco hasta romper esa cadena y entiendas que nuestros miedos no deben definir lo que somos.

— Con respecto a tu falta de confianza por la lealtad del ser humano, puedo decirte que en una sociedad donde reina la doble moral, puede ser difícil encontrar lealtades, porque entienden que todo el mundo debe cumplir con un patrón de comportamiento y nadie puede salirse del molde, a menos no en público, porque quien lo hace en público es motivo de señalamientos y críticas. Esta sociedad debe dejar de dividir las cosas entre lo que es correcto para unos o incorrecto para otros, se necesita que escuchemos más, aceptemos más y juzguemos menos. Para ser leales solo se necesita querer de corazón, todo el mundo necesita sentirse amado, apoyado, aceptado, esa es la realidad, aunque por un tiempo juguemos a los "independientes emocionales" quizás por ego o por arrastrar frustraciones pasadas, al final nos gana la necesidad de una buena compañía. Si bien es cierto que debemos amarnos primero a nosotros mismos para poder amar a los demás, también es cierto que sentimos la necesidad de ser amados por otros. Si quieres lealtad, primero debes serlo tú, ser leal a ti, ser leal a lo que sientes, ser leal a lo que dices porque no puedes decir que quieres a alguien leal cuando estás sintiéndote desleal con tus actos. Cuando empieces a practicar la lealtad de corazón, entonces sí, quien quita y la encuentras en otra persona – finalizó la Dra. mirando a Daniela a los ojos.

— ¡Vaya! Nunca lo pensé así, pero tiene lógica. Si quiero que los demás hagan algo debo predicar con el ejemplo. Me encantó esta plática con el alma desnuda. Creo que es la primera que he tenido.

— Debemos tener varias más, si estás de acuerdo.

— ¡Totalmente! Voy a cuadrar con su secretaria la próxima cita. ¡Hasta luego doctora!

— Hasta luego, Daniela, nos vemos pronto.

Después de una jornada laboral tan intensa como la de ese día, la doctora Luna, decidió salir a disipar la mente con unos tragos y aire fresco. Luego, volvió a casa y descansó hasta el día siguiente.

— ¡Buenas tardes, doctora! Se le ve fresca, relajada y bella – le piropea Katy mientras hace entrada a su consultorio.

— Gracias por tantos buenos adjetivos, Katy. Me relajé un poco después de las sesiones de ayer. Lo necesitaba.

— Desde luego, no es para menos, doctora.

— Pues iré entrando al consultorio, ya debe estar por llegar la paciente de hoy.

Momento después, Katy le informa que ya la paciente ha llegado y la hizo pasar.

ESTHER

— ¡Buenas tardes, doctora! Mi nombre es Esther — saluda la paciente.

— Buenas tardes, Esther. Ponte cómoda y cuéntame cómo puedo ayudarte el día de hoy.

— Pues no sé cómo doctora, pero espero que de alguna forma sea de ayuda esta consulta, o al menos que empiece a serlo.

— Prometo que así será Esther.

— Pues, nada, le empezaré diciendo que, así como me ve ya tengo un niño, lo digo así porque muchos se sorprenden cuando se enteran. Tengo 26 años, tengo tres hermanas que son menores que yo, criadas por mi madre porque mi padre decidió que ya no quería una familia. Antes de que lo pregunte, no soy casada, también soy madre soltera como mi madre. Supongo que seguí el ejemplo debido a que empecé a trabajar desde temprana edad para ayudar a mi madre, no pude terminar la escuela, pero sí quiero que mis hermanas terminen. Mi madre y mi hijo son mi esperanza después de tanto sacrificio. A pesar de que mi vida no es la típica vida de una joven de mi edad, trato de ser alegre, aunque no tenga muchos motivos para serlo. Tengo "amigas" solo para cuando quiero despejar la mente y rumbear, pero sé que no son reales. A veces creen que por no haber estudiado no soy muy inteligente. Con los hombres, digamos que no he tenido suerte, a pesar de que sé que muchos desean mi cuerpo, pero solo me ven como eso; un cuerpo.

— A veces siento que mis sueños están muy por encima de mi realidad. Me desencanto tanto de la vida cuando llego a casa y a mi madre solo le preocupa si tengo el dinero para pagar las cuentas o cuando noto que esas, dizque amigas solo me usan cuando les conviene o cuando siento que no soy material para querer de ningún hombre porque ni siquiera mi padre me quiso. Por eso, vivo el día a día a la espera de un milagro para que algo me devuelva la esperanza que alguna vez tenía. Y estoy consciente de que quizás no soy la más inteligente de las mujeres, porque eso del estudio no se hizo para mí y tampoco tuve la oportunidad de estudiar más. Me he equivocado incontables veces con los hombres, pero es que muchas veces me ganan las responsabilidades que debo cumplir y la necesidad de dinero. Así que opto por también querer algo de dinero "fácil", porque siempre me ha costado tanto trabajo conseguirlo. Le llamo "fácil" a pesar de que no lo es, pero la gente cree que sí. Hablo de dar mi cuerpo a hombres por algo de dinero. Ese es el único amor que he conocido a través de los hombres; yo les entrego mi cuerpo y a cambio obtengo beneficios para mi familia y para mí.

— Muchos me tildan de interesada y sí, sí lo soy. Estoy interesada en que a mis hermanas y a mi hijo no les falte nada para que sean mejores que yo en la vida. Cuando salgo con las que dicen ser mis amigas es porque a través de mí pueden salir y no gastar dinero, debido a mis dotes. Si me pregunta por qué a pesar de que lo sé, sigo saliendo con ellas, es porque a veces necesito la distracción que una música alta y unos tragos me proporcionan para sentirme como la joven que me hubiese gustado ser sin tantas responsabilidades. Mire, doctora, la realidad de todo esto es que yo solo buco solidaridad y apoyo, no económico, apoyo emocional, sentir que puedo contar con algo a quien no le interese nada a cambio. Lo más cercano a solidaridad que conozco es mi almohada que escucha mis llantos algunas noches en las que ya no puedo más y esa la tuve que comprar yo. ¿Cómo lo ve? – pregunta, esperando alguna respuesta.

— Primero que todo, felicidades por tu hijo. Sé que él no es parte de los problemas en tu vida porque te refieres a él con mucho amor y un hijo nunca es un error. Ahora bien, debes saber que en toda historia es más fácil señalar, criticar y juzgar antes que ser solidario. Esta sociedad es experta en juzgar antes de conocer el porqué de las cosas. Irónicamente, según un estudio, el

ojo humano captura imágenes a una re-
solución equivalente a 576 megapíxeles y
podemos registrar cientos de tonalidades
diferentes. No podemos ver el alma de las
personas que nos rodean, no podemos ver
su corazón, no podemos ver sus ilusiones,
sus fracasos, sus miedos, su lucha diaria con
la vida. Entonces, como no somos capaces
de ver más allá, procedemos a hacernos una
idea de los demás, solo con la evidencia de
lo que nuestros ojos miran y con esos nos
basta para hacer juicios de otros. Siempre he
pensado que nuestros juicios mal fundados
hacia los demás provienen de nuestros más
profundos deseos frustrados y que la forma
de sacar esos deseos de nuestro cuerpo es
destilando odio y desprecio a los demás.

— Entiendo que somos millones de seres
humanos y todos con historias diferentes,
con personalidades diversas, con diferentes sueños y aunque estamos en el mismo
planeta, nuestras circunstancias no son las
mismas. Esther, tú eres solo alguien que vive
como mejor puede. Cuando no se tienen los
recursos necesarios, ni el apoyo de otros
seres humanos, es difícil hacer siempre "lo
correcto". Debes entender que para estar rodeada de tanta gente que solo está por ratos,
es mejor estar solo y de esa forma poder ver
cuando alguien que realmente quiere estar,
llegue a nuestra vida. La soledad nunca ha

sido sencilla, pero te aprendes a querer más cuando estás con ella, valoras más lo que eres y te ayuda a aclarar lo que realmente quieres. Quizás si despejas tu ambiente de los que no te quieren, puede que llegue alguien que sí lo haga. No te digo que mañana o en dos días, pero en la vida, la esperanza es lo último que debemos perder.

— ¡Oh, la esperanza! Tengo que trabajar en recuperarla porque se me ha perdido. Pero sí, tiene razón, debo dejar de juntarme con esas amigas que solo me usan, debo empezar a quererme un poco más.

— ¿Quieres que nos volvamos a ver? – Pregunta la Dra.

— Sí, más que querer, lo necesito. No será fácil liberarme de lo que me hace daño, no creo que pueda sola.

— Tú tienes mucho poder en ti, para ser en tu vida lo que quieras y te aseguro que te ayudaré a encontrarlo.

— Hasta luego, doctora Luna. Nos vemos pronto – se despidió Esther y sin esperar respuesta, cerró la puerta.

— Un momento después, Katy anunció que alguien que tenía cita al otro día quería que lo atendieran porque no podía al día siguiente. Ella respondió que lo hiciera pasar.

VALENTÍN

— Hola, buenas tardes, ¿puedo pasar? — pregunta un joven desde la puerta.

— Desde luego, adelante, entra y cierra la puerta por favor. Ponte cómodo, donde gustes.

— ¿Le importa si me recuesto en el diván? — preguntó el joven.

— Para nada, por favor acomódate como gustes.

— Perfecto, si no le importa me gustaría empezar a hablar, debo aprovechar que tengo todas las ideas organizadas en mi mente.

— Aquí las cosas son como te sientas más cómodo, la idea es que liberes lo que no puedes liberar frente a los demás.

— Entiendo, pues me imagino que ya sabe mi nombre, Valentín Calderón y me dicen el gordo por las razones que ya pudo notar, soy obeso. Me gradué con honores de ingeniería civil y actualmente trabajo en eso mismo, gracias a Dios. Tengo 30 años y una bella familia de dos hermanos menores que yo, mi padre y mi madre. Puedo decir que tengo muchos amigos y amigas, creo que más de lo que me gustaría. Creo que es por mi simpatía con los demás y que siempre trato de estar cuando me necesitan. Pues bueno, el problema aquí es que, por mi cuerpo, mas estos lentes de botella y mis frenillos dentales, podemos asegurar que soy "un nerd" según las películas. Yo sé que mi apariencia no es un estereotipo muy aceptado por la sociedad, por eso siempre he sido motivo de burlas, que la mayoría del tiempo me ha traído mala suerte con las féminas.

— Todos los que me rodean ignoran que vivo deprimido cuando ellos no pueden verme. Ya no puedo más con esta cruz: no gustarle a nadie porque mi físico no es muy "normal". Nadie de mi sexo opuesto me ha mirado con ojos de deseo. Así es, nunca nadie me ha deseado y debido a eso a mis 30 años sigo siendo virgen. En los grupos siempre he sido el gordito, el amigo de todas, el simpáti-co, el de los chistes y hasta me he llegado a preguntar si realmente soy chistoso o si me esfuerzo por la obligación de tener al menos una cualidad agradable y llamar la atención de las mujeres de alguna manera. A veces, mis amigos intentan consolarme diciéndome que lo importante es el interior de las personas y sí, es cierto, pero no se puede negar que la parte exterior juega un papel importante a la hora de gustarle a otra persona, yo soy el ejemplo de eso. No es que sea superficial, pero no soy hipócrita como esos que dicen que lo de afuera no importa, pero viven buscando el cuerpo perfecto.

— Tengo que aguantar comentarios como: "Nunca te he conocido una novia", "Acaso eres homosexual", "Qué gordo estás", "Nunca tendrás novia si no bajas de peso", "Estás gordo por descuido", "Empieza tal dieta que a fulano le funcionó", "Ya tienes 30, debes casarte" y no tienen idea del daño que me provocan ese tipo de comentarios. Diciéndome cosas que obviamente ya las sé. Es mi vida. Lo tengo que sufrir todos los días al mírame al espejo y ya estoy cansado, doctora. La verdad es que quiero enamorarme y sentirme vivo- finalizó Valentín, con una triste expresión en su rostro.

— Valentín, cuando nos miramos en un espejo, usamos lo de adentro para ver lo de afuera. Me explico. Los ojos son el espejo de nuestra alma por lo que a través de ellos vemos el exterior. Si mi alma está contaminada con complejos y estereotipos de belleza absurdos nunca me gustará lo que refleja el espejo, así sea el cuerpo más lindo del mundo a los ojos de los demás. ¿Me entiendes?

— Sí, voy entendiendo.

— Querer sentirse deseado es algo que todos anhelamos en algún momento de nuestra vida. No existe un ser humano que pueda decir que nunca quiso sentirse deseado por alguien. Eso nos alimenta el amor propio, claro que sí. Ahora bien, Valentín, para que otros nos deseen, primero debemos desearnos noso-tros mismos. Sí, desearnos, gustarnos, estar cómodos con lo que somos exteriormente sin importar la forma física que tengamos ya sea delgada, gruesa, flácida, musculosa, obesa, con algunos kilos demás, y te puedo mencionar miles más que estoy segura de que existen y que no importan porque es que no hay una forma perfecta. La belleza de las formas está en sus imperfecciones. Esas que lo hacen único y especial. ¿De qué nos sirve invertir miles de horas en un gimnasio o llevar una estricta dieta saludable si nuestro interior está intoxicado?

— Pues de nada, creo que, si estoy mal por dentro, nunca estaré conforme con lo de afuera.

— Exactamente, estoy de acuerdo con lo que has dicho. Cuando alguien te haga ese tipo de comentarios que esbocen complejos, tú podrías responder con "¿Cómo te sientes?" "¿Qué tal tu día?" "¿Sonreíste hoy?" y así le das el ejemplo de lo que en verdad te gustaría que te preguntasen. ¿Qué te parece?

— Una muy buena idea, responder con el ejemplo de lo que me gustaría escuchar.

— Por lo que me has contado, eres un joven con muchísimo que ofrecer al mundo, pero que no es feliz con su exterior y todavía no conoce esa compañera, esa mujer cómplice que le gustará su forma tanto exterior como interior y que te inspirará a ser mejor día tras día en todos los sentidos. Todos en este mundo, todos y cada uno de nosotros tenemos un público que nos espera y no importa que entre millones de habitantes tu público solo sea una persona. ¿Adivina qué? con que compartas tu vida con una sola es suficiente.

— Por eso, siempre he respetado y admirado la diversidad, por lo maravillosa que es al darnos tantas y tantas opciones sin moldes exactos ni perfectos. No dejes que la ansiedad de estar con alguien porque "estás en tiempo de" te haga presión y te lleve a cometer errores garrafales. Lo primero es que te aceptes, que valores lo que eres y todo lo que has logrado hasta ahora. Enfócate en las cosas positivas del día a día y te aseguro que llegará esa persona que llenará de intensidad tu vida y te dará otras razones por las cuales estar agradecido cada día. Por ahora debes aprender a aceptarte tú primero.

— Trabajar en aceptarme yo mismo, será un gran trabajo, doctora – confiesa Valentín.

— Desde luego que sí. Las cosas que realmente valen la pena nunca han sido sencillas.

— Necesitaré su ayuda.

— Ya la tienes – lo anima la doctora.

Luego de despedirse de su último paciente, se quedó trabajando en su proyecto y terminó yéndose tarde a descansar. Al día siguiente, vería a sus dos últimos pacientes de este proyecto que desde ya la estaba llenando de satisfacciones.

La doctora Luna estaba dando forma a un interesante proyecto de conciencia social. Un proyecto en el que todos seamos capaces de darnos cuenta de que a veces con buena intención o no, al emitir juicios de valor hacia otra persona, podemos llegar a presionarlos, a cohibirlos y a hacerles sentir duramente juzgados, formando así, un ejército de seres infelices que solo viven para cumplir las expectativas impuestas por una sociedad inestable.

La doctora Luna había vivido toda su vida en un círculo lleno de complejos, juicios, aparente perfección y donde todos eran falsamente "felices", quería cooperar de alguna forma para que el mundo fuese un lugar, más empático, más compasivo, en donde las personas se conecten más con las emociones, un mundo donde las personas pudieran ser ellas mismas, sin tener la necesidad de fingir para ser aceptadas.

ANNE

— Buenas tardes, doctora Luna. Mi nombre es Anne—saluda la nueva paciente.

— Buenas tardes, Anne, es un placer para mí tenerte aquí.

— Quisiera decir que es un placer para mí estar aquí, pero no lo es.

— Descuida que eso lo puedo entender a la perfección. Para mí es un placer porque me dedicaré a ayudarte y yo me debo a mi profesión. Lo hago de corazón.

— Es un usted muy amable, doctora.

— Háblame de ti, Anne. ¿Qué es eso que te preocupa?

— A mis 29 años no tengo ninguna carrera profesional, a pesar de eso he tenido buenos trabajos porque siempre he sido muy práctica y busco la forma de trabajar con lo que está a mi alcance. Soy la mayor de mis hermanos, aunque la diferencia de edad no pasa de unos 2 años. Mis padres son de costumbres tradicionales y sumamente amorosos. Muchos me tildan de ser odiosa o ser muy pesada y la verdad es que no se equivocan. Soy odiosa intencionalmente porque no quiero que nadie me conozca de verdad. He tenido muchos intentos de relaciones que siempre han terminado mal. No soy de muchas amigas, pero las pocas que tengo las aprecio bastante, en ocasiones, más de lo que debería.

— Desde niña siempre he tenido cierta fascinación por las mujeres. Al principio pensé que era algo normal. Pensé que solo era admiración por las otras que eran más lindas que yo, pero luego me di cuenta de que no solo quería admirarlas, también quería tocarlas. Crecí viendo que mi padre es el que llevaba las riendas de la casa, que mi madre era la sumisa comprensiva, que mis hermanos podían tener más de una novia y todo estaba bien, así que en medio de tanto machismo se fue formando cierto repudio al sexo opuesto, porque me incomodaba que todo para ellos fuese más fácil. Me parecía injusto. Durante mucho tiempo luché contra lo que sentía, ya que estoy rodeada de tradicionalismos. Traté de seguir una línea de "ser normal" e intenté ser una mujer normal, que me guste el estúpido color rosa, que me moleste cuando se me quebrara una uña, que me guste usar tacón, hasta traté de enamorarme de hombres que a la vista de mis amigas son buenos partidos, pero la verdad es que no, no me gustan, no siento placer al besarlos, ni sentirlos, todo eso para "encajar como los demás" y no ser la rara de mi familia. Así que preferí ir en contra de mi propio sentir, siendo infeliz para que los demás sean felices.

— Estoy rodeada de personas maravillosas, como por ejemplo mis amigas. Son las personas más solidarias que he conocido, pero mi miedo al rechazo es tan grande que impide que sea sincera con ellas. En especial cuando creo que estoy enamorada de una de mis amigas, que, dicho sea de paso, es la persona más heterosexual de este mundo y la mujer más femenina que conozco. Ella tiene esa capacidad de hacerme desear en ella todo lo que odio ser en mí, pero sé que si se lo digo podría perderla como amiga y no soportaría eso. Creo que si lo confieso nadie me entendería, mi familia me repudiaría, mis amigas me dejarían de ver con los mismos ojos. Y sí, yo sé que estamos en el siglo XXI, donde reina la modernidad y mucha gente lucha por "la inclusión" de todos en la sociedad, pero también reina la hipocresía y el respeto por lo "normal" lo convencional, lo que no está en contra de "las reglas" impuestas por la sociedad y muchas veces usando a un Dios como escudo para rechazar cualquier tipo de amor desconocido.

— En mi trabajo me tachan de machorra por mi forma de vestir y porque nunca he hablado de mi gusto hacia los hombres con mis compañeras de trabajo. En mi casa, creo que a mi padre le daría un infarto y mi madre no aguantaría el dolor, porque ellos fueron criados a la antigua. Muchas veces creo que

NI 20. NI 30

se hacen los ciegos ante lo obvio, es más fácil para todos hacer como que no pasa nada y que solo soy una chica pesada; la del mal carácter. Y así he vivido siempre, reprimida, tratando de contener mis más profundos deseos, siendo una buena hermana, buena hija y amiga, sin importar que me sienta prisionera en un estable círculo social donde el miedo me impide ser yo misma. Creo que eso es todo–dijo Anne, con vergüenza en su rostro.

— Anne, el amor es un lenguaje universal y que tiene formas infinitas de ser. Nosotros los seres humanos siempre lo hemos tratado de limitar y condicionar con cosas que para nosotros son correctas y no es justo que por eso en el mundo existan personas que viven una vida reprimida, avergonzada de ser ellas mismas y sufriendo en silencio, como lo haces tú.

— A ver, respóndeme algo, ¿Por qué crees que se ahoga una persona que cae en un enorme río?

— Bueno, porque si el río es muy profundo, se ahogan – responde con una expresión de confusión, ante la obvia pregunta de la doctora.

— Negativo. La persona se ahoga por mantenerse sumergida en el agua. Muchas veces no intenta luchar por lo profundo que está sumergido y se le hace más fácil rendirse, entonces se ahoga. Aplicando esto en ti, te quiero decir que te sientes atrapada por el miedo a escapar de ese círculo. Tu miedo es más fuerte que tus ganas de luchar por ti misma. Tienes el poder dentro de ti de dejar salir ese miedo. Sé que no será fácil, pero que te parece si empiezas–dijo la doctora esperando una respuesta de Anne.

— No será nada nada fácil, doctora.

— Puede que no todas tus relaciones de pareja con otras mujeres funcionen siempre, puede que no siempre seas correspondida por la mujer que te guste, como nos pasa a todos alguna vez de nuestra vida. Es bastante normal. Lo bueno de esto es que estarías viviendo a plenitud, siendo tú misma. Las personas que te aman no tienen que estar a favor o en contra de tu inclinación sexual, deben estar a favor de la aceptación y del derecho a vivir sin ser reprimidos. Si alguien no entiende eso, pues también es válido, ellos tienen derecho a pensar lo que quieran, de la misma forma, tú también puedes elegir de qué circunstancias rodearte o con quiénes relacionarte.

— Creo que a lo largo de la historia ya muchas mujeres fueron reprimidas, castigadas y hasta asesinadas por su inclinación sexual diferente a los demás. Todo eso para que el día de hoy las personas con tus mismas

preferencias, puedan ser libres de expresar lo
que sienten. Al final de cuentas, la vida vale
la pena vivirla por el placer, el placer de reír,
de llorar, el placer de abrazar a quien amas,
dar un beso, el placer de escuchar los sonidos
de la naturaleza, el placer de equivocarnos y
aprender de esa experiencia, el placer que nos
da sentirnos aceptados, respetados, amados,
el placer de ser, mientras respiramos día tras
día. Lucha por tu placer Anne, no deberías
dejar que te repriman.

— Necesitare más de una sesión para entender eso.

— Lo sé, trabajaremos en eso. Agenda la
próxima cita con mi secretaria.

— Así será, doctora. Pase buenas tardes – se
despide Anne y sale de la oficina.

Casi inmediatamente entra Katy y detrás de
ella la próxima paciente que no dio tiempo a ser
anunciada.

JULIETA

— Hola, doctora. Mi nombre es Julieta, mi cita es hoy. Disculpe que, entre así, pero tengo un poco de prisa – dice un poco avergonzada.

— Está bien. Katy, puedes retirarte. Ya atenderé a Julieta.

— Pues cuéntame, Julieta, ya que tienes prisa, quisiera saber el porqué de tu presencia en mi consultorio.

— Mire, doctora, yo tengo 28 años, soy graduada de mercadeo y trabajo en ventas, de forma inagotable, siempre he tenido mucha energía como usted pudo notar.

— Sí, es evidente –respondió la doctora en tono de chanza.

— Mis padres murieron en un accidente cuando era pequeña, así que me he criado con mis tías, de casa en casa. Actualmente vivo con mi mejor amiga. Por mi forma extrovertida de ser, tengo muchos amigos y trato de siempre dar lo mejor de mí a las personas que me importan. A pesar de que a muchos les gusta mi cuerpo, vivo acomplejada de él y trato de siempre estar bien maquillada, bien vestida, para así captar la atención de los hombres, que para bien o para mal son mi debilidad. Mi mal necesario. Sé que para los demás soy una ilusa que vive pensando en novelas mexicanas de esas donde la protagonista encuentra a su príncipe y es feliz por siempre. Para mis amigas eso es absurdamente fantasioso y dicen que es la razón por la que vivo sufriendo por hombres.

— La verdad es que sí, soy una Julieta en busca de su Romeo haciéndole honor a la historia de William Shakespeare, pero es algo que no puedo admitir del todo porque para mis amigas es mejor vivir el momento ya que "todos los hombres son iguales", "mejor malo conocido que bueno por conocer". Entonces, me toca aparentar. Aparentar ser fuerte para que no me digan que soy una débil porque parece que es pecado ser "muy entregada a los demás", porque entienden que es estupidez cuando me entrego tan fácil y la mayoría del tiempo soy usada. Debo fingir que no me enamoro, que no me importa si me hablan o no, que no me molesta compartir mi pareja sexual con otra mujer, porque somos almas libres. Debo fingir que no quiero una relación estable porque ya aprendí mi lección en este mundo perdido donde reina la infidelidad. La verdad es que no puedo solo vivir el momento; lo mío es todo o nada. He vivido una vida sin el amor de mis padres y lo más que deseo es ese amor genuino de pareja y en esa búsqueda casi me he perdido a mí misma con complejos físicos, condiciones estúpidas y por fingir ser quien no soy solo para encajar con los demás y ser aceptada por los hombres, con la esperanza de que una noche de esas en las que finjo vivir el momento pueda convertirse en una linda relación.

— Quizás soy una fanática del amor y nunca me he enamorado realmente, pero qué hay de malo en eso. He sufrido tantas traiciones y humillaciones en esta vida. Me han tocado de esos que me han dicho: "Tú eres la única" mientras le ponen un anillo a otra. Me han tocados de esos que dicen: "Estamos juntos por los niños, pero nos estamos separando" y nunca se concreta tal separación. Me han tocado de esos que dicen: "Eres tan hermosa que nunca podría herirte" y terminan hirién-dome no solo emocional sino físicamente. Los demás me preguntan: "¿Cuándo vas a aprender a elegir?" "No te enamores tan rápido", "Deja de creer todo lo que te dicen" "No seas tan ilusa"... En verdad estoy aquí en busca de aceptación, que usted me diga que no estoy mal, que no es tan malo querer enamorarse.

— Si viniste aquí solo para que te acepte, viniste por la razón equivocada. Entiendo que viniste para ser escuchada sin impor-tar si yo comparto o no tu filosofía de vida, porque todos somos seres distintos y querer cosas diferentes a lo que los demás quieren, es normal. Esta sociedad puede parecer muy corrompida a veces y que se entienda que el amor de pareja esté sujeto a humillaciones e infidelidades, entre otras atrocidades que son solo de personas que incitan al conformismo y a su vez le quitan validez a lo que puede ser una relación de pareja estable. Creo que al crecer con una carencia afectiva como la es la de unos padres hacia un hijo, es normal que busques afecto desesperadamente en otras personas, ya que existe un vacío que equivocadamente intenta llenarse con otro tipo de amor. No siempre las personas que se enamoran rápido son porque han perdido algún familiar, claro está, este es solo un caso de tantos que pueden tener otros factores que influyan. La verdad es que cada persona tiene su propio ritmo para todo en la vida. En este caso, para enamorarse no hay un tiempo establecido, tampoco para que una persona pueda sentirse realmente atraída. Esa es una variable sumamente inestable.

— El único problema que veo aquí es que tengas que sentirte avergonzada y ocultar cómo eres solo para que los demás no se burlen de ti. Nadie tiene derecho sobre ti como para decirte cómo debes sentir o actuar, nadie tiene la autoridad para indicarte a ti cómo reaccionar ante cualquier situación que la vida te presente. ¡Nadie! No es algo tan sencillo como decir "no te enamores tan rápido", sino que están tratando con tu inteligencia emocional y esto no tiene nada que ver con edades. Esta sociedad en la que vivimos hoy en día está tan corrompida emocionalmente, al punto de que una persona no pueda enamorarse porque algunos se atreven a decir que eso de "enamorarse ya no se usa" solo porque han tenido malas experiencias y se creen con el derecho de "decretar" cosas negativas sobre los demás.

— Debes tener en cuenta que, algunos consejos que recibes son solo juicios basados en una experiencia vivida. No porque algo les pasó a los demás quiere decir que te pasará a ti también.

— Creo que ese es uno de los problemas, personas a mi alrededor con malas experiencias y lo quieren reflejar en mí también, juzgando mi manera de sentir y de ser.

— No todos podemos sentir de la misma manera porque no todos tenemos el mismo día a día a lo largo de nuestras vidas. No todos tenemos las mismas experiencias, porque lo que para unos puede ser felicidad, para otros no. Por ejemplo, si vamos a un restaurante en distintos días, puede que el día que yo vaya el servicio fue pésimo o yo lo percibo como pésimo, pero el día que tú fuiste, te atendieron divinamente o lo percibiste de esa manera. Nuestras opiniones respecto a ese mismo restaurante serán totalmente diferentes, porque nuestras percepciones también son diferentes.

— Mejor no lo pudo explicar, cuánta razón en un ejemplo doctora.

— Así que no hay forma en que yo pueda indicarte a ti cómo debes sentirte ante alguna situación. Así que déjate llevar, Julieta, si quieres enamorarte, tienes el derecho y la libertad de hacerlo las veces que sean necesarias, a veces puede que sufras, pero al final si estamos vivos, es para sentir- expresó mientras Julieta la observaba atentamente.

— Gracias por esas palabras, doctora. Me dio el empujón que necesitaba para dejar de fingir que soy alguien que no soy, empezaré por explicarle a la gente el ejemplo de los restaurantes, cuando alguien quiera "aconsejarme" sin yo pedírselo.

— Espero que sea así Julieta, empieza a vivir a tu manera – le anima la doctora.

— Así será. ¡Que pase buenas noches, doctora Luna!

Terminó así su último día de pacientes diarios para empezar a trabajar de lleno en su proyecto.

Los días iban pasando y con ayuda de su asistente trabajaban fuertemente en la presentación de un proyecto que le daría entrada a una gran oportunidad laboral, pero que también serviría de ayuda para muchas personas que necesitaban ser escuchadas y que se sentirían identificadas a través de alguna de sus historias, contadas anónimamente.

— Doctora Luna, creo que aún no me dice el nombre del proyecto – dice Katy, algo curiosa.

— "Ni 20, ni 30" Katy. Los problemas que sufre esta generación y que la sociedad no sabe.

— ¡Es el nombre ideal, doctora! Felicidades – dijo entusiasmada.

— Gracias, Katy. No pudo ser posible sin tu ayuda- responde algo conmovida.

— El esperado día de la presentación de su proyecto había llegado. La doctora Luna estaba en frente de toda una junta directiva de psicólogos con trayectorias increíbles y en su mayoría mayores que ella.

— La presentación no tuvo desperdicio alguno, la doctora Luna expresó cada punto de una manera orgánica, atenta y apasionada, pues eran historias reales, y que ella había tenido oportunidad de estudiar bastante bien. Algunos de los presentes dieron sus opiniones, algunos no estaban muy convencidos con la información y otros, por el contrario, estaban en total acuerdo con lo que la doctora exponía.

— Cuando terminó su presentación, expuso las palabras siguientes:

— Leeré para ustedes una carta que habla de una persona que quiere vivir, simplemente vivir.

Mientras estemos vivos, cada día al abrir los ojos tenemos que tomar decisiones. Cuando no lo hacemos y seguimos el curso del día a día, entonces la vida nos escoge a nosotros y terminamos siendo víctimas de nuestras propias circunstancias. Hay que dejar de ser víctimas. Creo que nadie realmente quiere serlo, no tenemos un manual de instrucciones, así que debemos tomar el toro por los cuernos y hacer lo que realmente queremos hacer, claro está, sin afectar a los demás porque para dejar huella en este intenso camino por el mundo, no tenemos que pisar a nadie.

Empecemos a vivir porque morir es muy fácil y cuando alguien nos reclame por ser nosotros mismos, preguntemos: ¿Qué hay de malo?

¿Qué hay de malo en fumar, si quiero hacerlo? ¿Qué hay de malo en beber, si tengo ganas? ¿Qué hay de malo si quiero sexo sin compromiso? ¿Qué hay de malo si me enamoro a los dos días? ¿Qué hay de malo si soy inestable en los trabajos (en búsqueda de lo que quiero)? ¿Qué hay de malo si invento nuevos negocios todos los días (buscando mi sueño)? ¿Qué hay de malo si me dicen loco? ¿Qué hay de malo si la persona a quien quiero no me corresponde, pero solo con quererla "soy feliz"? ¿Qué hay de malo si salgo todos los fines de semana (me divierto)? ¿Qué hay de malo si soy homosexual? ¿Qué hay de malo

si soy "fácil" con el sexo opuesto? ¿Qué hay de malo si tengo 10 años con mi pareja y no he "probado" a nadie más? ¿Qué hay de malo si estoy muy gorda? ¿Qué hay de malo si "soy muy flaca"? ¿Qué hay de malo si trabajo demasiado (eso me llena)? ¿Qué hay de malo si no tengo planes futuros? ¿Qué hay de malo si vivo el día a día? ¿Qué hay de malo si soy "so loud"? ¿Qué hay de malo si soy "so shy"? (Así es que me siento cómodo) ¿Qué hay de malo si tengo hijos y dicen que soy "muy joven"? ¿Qué hay de malo si creo en Dios? ¿Qué hay de malo si no creo en nada? ¿Qué hay de malo si soy de una religión y predicó lo que siento? ¿Qué hay de malo si creo en "la evolución"? Hay quienes se creen capaz de responder estas preguntas, pero ¿Dónde está el libro de la vida me diga la forma "correcta" de vivir? Yo solo sé que quiero vivir mientras muero cada día, porque la vida es un ratico y no sé qué pasa después que la vida pasa; así que quiero que me dejen ser y decidir cómo vivirla, porque al final... cada uno vive su vida como le parece y ellos... ellos no morirán por mí.

Todos los presentes aplaudieron ante un proyecto tan impresionante con tanta realidad, tratándose de un valioso aporte para la psicología social.

— Muchas gracias por esta oportunidad, prometo no defraudarlos y por último quiero agregar que:

— La variable tiempo es aleatoria, por tanto, nunca será muy tarde o muy temprano para empezar, para cambiar, para mejorar, para atrevernos a ser lo que sentimos ser. No nos frustremos queriendo estar bien todo el tiempo, permitámonos sentir emociones diversas, emociones que nos lleven por caminos perdidos y que luego nos indiquen cómo encontrarnos, validando así, nuestra existencia en esta tierra y reiterando que, solo somos humanos.

— ¡Gracias totales!

Se despide, la doctora Luna.

Acerca de la autora

Xilenie Faulkner Cortorreal, nació el 14 de febrero del 1994, en Santo Domingo, República Dominicana. Su lugar de residencia actual es New York.

Graduada en Ingeniera Industrial en la Universidad Autónoma de Santo Domingo, desde temprana edad de forma furtiva se expresa a través de sus letras. Después de muchos escritos secretos e incompletos, se atreve a manifestar su sentir ante la sociedad creando así su primer libro "Ni 20, ni 30".

Creció en un ambiente de cambios constantes, por lo que aprendió a convivir consigo misma, ya que entendió que ella era la única presencia estable en su vida.

Debido a sus condiciones de vida, se fue forjando en ella una alma libre e independiente, con un amor empedernido por la libertad, una fascinación por lo autónomo, siendo consciente de que todos tenemos el mismo derecho a ser libres y vivir desde el alma. Así como su curiosidad por el comportamiento humano pues desde que era niña, disfruta observar, escuchar y analizar a los demás, para así entender el maravilloso mundo de la diversidad, del cual sigue aprendiendo cada día más.

@the_x_letter | @xileniie14